SEGUNDA EDIÇÃO 2024

Hugo de Brito Machado Segundo

DIREITO E INTELIGÊNCIA ARTIFICIAL

O que os Algoritmos têm a Ensinar sobre Interpretação, Valores e Justiça

Dados Internacionais de Catalogação na Publicação (CIP) de acordo com ISBD

S456d   Machado Segundo, Hugo de Brito
      Direito e Inteligência Artificial: o que os algoritmos têm a ensinar sobre interpretação, valores e justiça/ Hugo de Brito Machado Segundo. - 2. ed. - Indaiatuba, SP : Editora Foco, 2024.

      144 p. ; 16cm x 23cm.

      Inclui bibliografia e índice.

      ISBN: 978-65-5515-952-3

      1. Direito. 2. Inteligência Artificial. I. Título.

2023-2956   CDD 340   CDU 34

Elaborado por Vagner Rodolfo da Silva - CRB-8/9410

Índices para Catálogo Sistemático:

1. Direito 340

2. Direito 34

SEGUNDA EDIÇÃO

Hugo de Brito
Machado Segundo

DIREITO E INTELIGÊNCIA ARTIFICIAL

O que os Algoritmos têm a Ensinar sobre
Interpretação, Valores e Justiça

2024 © Editora Foco

Autor: Hugo de Brito Machado Segundo
Diretor Acadêmico: Leonardo Pereira
Editor: Roberta Densa
Assistente Editorial: Paula Morishita
Revisora Sênior: Georgia Renata Dias
Capa Criação: Leonardo Hermano
Diagramação: Ladislau Lima e Aparecida Lima
Impressão miolo e capa: FORMA CERTA

DIREITOS AUTORAIS: É proibida a reprodução parcial ou total desta publicação, por qualquer forma ou meio, sem a prévia autorização da Editora FOCO, com exceção do teor das questões de concursos públicos que, por serem atos oficiais, não são protegidas como Direitos Autorais, na forma do Artigo 8º, IV, da Lei 9.610/1998. Referida vedação se estende às características gráficas da obra e sua editoração. A punição para a violação dos Direitos Autorais é crime previsto no Artigo 184 do Código Penal e as sanções civis às violações dos Direitos Autorais estão previstas nos Artigos 101 a 110 da Lei 9.610/1998. Os comentários das questões são de responsabilidade dos autores.

NOTAS DA EDITORA:

Atualizações e erratas: A presente obra é vendida como está, atualizada até a data do seu fechamento, informação que consta na página II do livro. Havendo a publicação de legislação de suma relevância, a editora, de forma discricionária, se empenhará em disponibilizar atualização futura.

Erratas: A Editora se compromete a disponibilizar no site www.editorafoco.com.br, na seção Atualizações, eventuais erratas por razões de erros técnicos ou de conteúdo. Solicitamos, outrossim, que o leitor faça a gentileza de colaborar com a perfeição da obra, comunicando eventual erro encontrado por meio de mensagem para contato@editorafoco.com.br. O acesso será disponibilizado durante a vigência da edição da obra.

Impresso no Brasil (10.2023) – Data de Fechamento (10.2023)

2024
Todos os direitos reservados à
Editora Foco Jurídico Ltda.
Rua Antonio Brunetti, 593 – Jd. Morada do Sol
CEP 13348-533 – Indaiatuba – SP

E-mail: contato@editorafoco.com.br
www.editorafoco.com.br

"À medida que os seres artificiais se tornassem mais parecidos com a gente, depois iguais a nós, e por fim nos superassem, jamais poderíamos nos cansar deles. Estavam fadados a nos surpreender. Poderiam nos decepcionar de maneiras que estavam além de nossa imaginação. A tragédia era uma possibilidade, o tédio não."

(McEWAN, Ian. *Máquinas como eu*)

A Hugo de Brito Machado, pioneiro nos temas de que trata este livro; ainda nos anos 1980, apresentou o PC-XT, o MS-DOS e o Word a seus colegas juízes federais, que ainda faziam sentenças na máquina de escrever.

APRESENTAÇÃO

Desde o surgimento do ser humano, ou mesmo antes, entre seus antepassados mais remotos, a cooperação necessária à sobrevivência[1] fez emergirem sentimentos morais;[2] em seguida, ainda no processo de tentativa e erro inerente à seleção natural, deu espaço, nos humanos, à aptidão para constituir realidades institucionais[3] e, com elas, a linguagem[4] e normas jurídicas capazes de, bem ou mal, implementar tais sentimentos morais, ou pelo menos tentar concorrer para os mesmos objetivos.

A necessidade de sobreviver, e de passar adiante o próprio material genético, seleciona, em diferentes seres, a depender do ambiente e de uma série de outros fatores – muitos deles aleatórios – características distintas. Cores que camuflam, para iludir predadores, ou que chamam a atenção, para atrair fêmeas. Patas mais fortes, ou asas, ou nadadeiras. Olhos capazes de ver no escuro, ou o aguçamento de outro sentido, como o olfato, ou mesmo um sonar capaz de guiar independentemente de luz. No caso dos humanos, para tais finalidades, selecionaram-se caraterísticas que propiciam uma elevada cooperação, dentre as quais estão as já apontadas habilidades de desenvolver linguagem, sentimentos morais e criarem-se realidades institucionais, assim entendidas aquelas que existem porque se pactua a sua existência (v.g., dinheiro, regras um jogo, personagens imaginários

---

1. AXELROD, Robert. *A evolução da cooperação*. Trad. Jusella Santos. São Paulo: Leopardo, 2010, *passim*; SAFINA, Carl. *Para lá das palavras*. O que pensam e sentem os animais. Tradução de Vasco Gato. Lisboa: Relógio D'agua, 2016, p. 182.
2. Cf., v.g., SMITH, Adam. *The theory of moral sentiments*. London: A Millar, 1790; WAAL, Frans de; CHURCHLAN, P.; PIEVANI, T.; PARMIGIANI, S. (Ed.). *Evolved morality*. The biology and philosophy of human conscience. Boston: Brill, 2014; JOYCE, Richard. *The evolution of morality*. Cambridge, Massachusetts: MIT Press, 2006.
3. Realidades institucionais são aquelas que existem porque seres racionais e pensantes pactuam reciprocamente sua existência, a partir de regras que as constituem. É o caso de realidades como as regras de um jogo, os personagens de uma ficção, ou as regras de um ordenamento jurídico. Cf. SEARLE, John. *Libertad y Neurobiología*. trad. de Miguel Candel, Barcelona, Paidós, 2005, p. 103. Sobre a seleção da capacidade neurológica de criá-las, veja-se: ROVERSI, Corrado. Cognitive Science and the Nature of Law. In: BROZEK, Bartosz; HAGE, Jaap; VINCENT, Nicole A. (Ed.). *Law and mind*: A survey of Law and the Cognitive Sciences. Cambridge University Press, Cambridge, 2021, p. 100.
4. A pressão evolutiva em primatas, para que se tornassem mais cooperativos como condição para sobrevivência, pode ter sido a responsável pelo surgimento da linguagem que amplia consideravelmente a quantidade de mecanismos institucionais e sociais destinados a fazer valer os sentimentos morais, a começar pela fofoca. Cf. JOYCE, Richard. *The evolution of morality*. Cambridge, Massachusetts: MIT Press, 2006, p. 90.

etc.). Referido contexto criou condições para o surgimento da inteligência, da racionalidade e da cultura.

Nos dias que ora correm, se presencia uma importante revolução, em face da qual inteligência e vida talvez estejam ingressando em uma nova fase, em que não mais necessitam de matéria orgânica para se constituir e manifestar. É um processo que pode parecer lento, se se tomar como parâmetro comparativo o tempo médio de vida de um ser humano. Mas é bastante rápido, se se pensar no tempo necessário, desde o surgimento do Universo, para que aparecessem vida e principalmente inteligência, na forma biológica que hoje se conhece. Bilhões de anos se passaram, até que o universo pudesse contemplar a si por intermédio de seres vivos e inteligentes. Os computadores, por seu turno, estão por aqui há menos de um século. Não se sabe o que se pode presenciar, relativamente a eles, em um período mais longo de tempo.

Sendo o Direito destinado à disciplina da liberdade, da conduta humana, para protegê-la, e proteger dela bens tidos como relevantes, o advento de agentes inteligentes capazes de interferir na vida, na liberdade e na propriedade de terceiros suscita a questão de saber como se dará a disciplina de sua atividade. Se e quando adquirirem consciência, colocar-se-á, por igual, indagação relacionada à possibilidade de serem explorados, maltratados ou destruídos; vale dizer, se têm dignidade. Mas, mesmo bem antes disso, já se suscitam problemas atrelados ao uso de sistemas dotados de uma inteligência mais restrita, que auxiliam na condução de veículos, na tomada de decisões por agentes públicos e privados, além de darem suporte a uma ampla gama de atividades exercitadas por autoridades públicas. Como fazer com que tais sistemas se comportem nos termos determinados pelo ordenamento jurídico? Quais são esses termos e quem os indicará às máquinas?

Na programação de sistemas inteligentes, e na própria compreensão deles, pode haver rica troca de conhecimentos entre especialistas em inteligência artificial, filósofos (voltados à Hermenêutica e à Epistemologia), teóricos da argumentação, cientistas da cognição, neurologistas, psicólogos e neurocientistas. Estão todos às voltas com o fenômeno da cognição e da inteligência (natural ou artificial), com suas repercussões, aplicações e desdobramentos. O mesmo pode ser dito de teóricos e filósofos do Direito, no que tange à difícil tarefa de construir máquinas capazes de interpretar, observar e aplicar normas jurídicas, algo que envolve por igual a identificação, no mundo fenomênico, da ocorrência dos fatos sobre os quais estas incidem.

É para introduzir o leitor ao estudo de tais temas, relevantes, atuais e fundamentais, que se destina este livro. Nele não se almeja realizar o estudo da Inteligência Artificial (IA), mas sim o do seu uso por parte de quem estuda o direito, de quem o aplica, e de quem simplesmente vive em sociedade e nessa condição está sujeito à interação com sistemas de inteligência artificial e às disposições jurídicas a eles atinentes. Não se trata de um livro de ciência da computação sobre IA, mas de um livro sobre os reflexos no Direito dos problemas que ela, a IA, eventualmente pode suscitar; e, principalmente, sobre como a construção de máquinas capazes de interpretar normas, compreender fatos e tomar decisões pode ajudar seres humanos a entender melhor como eles próprios desempenham essas tarefas.

Fortaleza, agosto de 2022,

Hugo de Brito Machado Segundo

E-mail: hugo.segundo@ufc.br

Instagram: @hugo2segundo

Blog: www.direitoedemocracia.blogspot.com

NOTA À SEGUNDA EDIÇÃO

O rápido esgotamento da primeira edição deste livro revela a atualidade do tema e o interesse que tem despertado no público, permitindo-me colocar seu texto em dia com algumas reflexões havidas posteriormente à sua publicação no final de 2022. Entre elas, especialmente, a popularização de plataformas de inteligência artificial generativa, como o "Chat-GPT".

Como o livro tem uma abordagem filosófica, e epistemológica, as mudanças ou os avanços verificados na tecnologia e nos sistemas de inteligência artificial não propriamente o desatualizam. Pelo contrário, em alguma medida testam, e confirmam, ou refutam, as conjecturas que nele são feitas. E permitem, de uma forma ou de outra, novas reflexões, postas a termo nesta segunda edição.

Sou muito grato ao público leitor, pela acolhida que deu a este meu livro, e a todos os que fazem a editora Foco, pelo cuidado que têm com ele, com este autor e com suas demais obras que com primor e zelo vêm publicando. Permaneço à disposição, nas redes sociais, no Youtube, ou por e-mail, para a troca de ideias a respeito dos temas aqui tratados, bem como para receber contribuições e críticas de leitoras e leitores que as queiram fazer.

Fortaleza, outubro de 2023,

Hugo de Brito Machado Segundo

E-mail: hugo.segundo@ufc.br

Instagram: @hugo2segundo

Blog: www.direitoedemocracia.blogspot.com

SUMÁRIO

APRESENTAÇÃO... IX

NOTA À SEGUNDA EDIÇÃO.. XIII

1. INTRODUÇÃO.. 1

    1.1 O que é inteligência artificial?.. 3

    1.2 O que são "algoritmos"?... 6

    1.3 O que se entende por Big Data?... 7

    1.4 Implicações para o Direito de curto, médio e longo prazo........ 9

2. NO CURTO PRAZO... 13

    2.1 Vieses e o mito da neutralidade... 15

    2.2 Devido processo legal e a IA.. 22

    2.3 Finalidade do Direito e IA.. 31

    2.4 Julgamentos feitos por algoritmos: como identificar os casos fáceis?........ 34

    2.5 O Chat-GPT e os *large language models*............................... 44

3. NO MÉDIO PRAZO.. 47

    3.1 Epistemologia e IA: o que é conhecer e o que as máquinas têm a ensinar?........ 49

        3.1.1 Falibilidade do conhecimento e IA............................... 51

        3.1.2 IA e o "problema da indução"....................................... 55

        3.1.3 Conhecimento, aprendizagem e valores 61

    3.2 Neurociência e IA: para replicar, é preciso conhecer o que será replicado........ 67

        3.2.1 Origem de sentimentos morais e a sua relevância para o processo decisório........ 69

    3.3 Teoria do Direito e IA: agentes inteligentes que devem "play by the rules"?........ 72

3.3.1 Identificação do suporte fático de normas e compreensão do sentido destas 73

3.3.2 Plenitude do ordenamento e a questão das lacunas 83

3.3.3 *Distinguishing, overulling* e raciocínio indutivo 86

3.4 Agentes inteligentes como objeto da aplicação do Direito 88

3.4.1 Carros autônomos (ou semiautônomos) e o "trolley dilema" revisitado.. 88

3.4.2 Tributação da IA... 94

4. NO LONGO PRAZO 99

4.1 IA e dignidade: sujeitos de Direitos?.. 101

4.2 IA e os destinos da humanidade.. 107

5. CONSIDERAÇÕES FINAIS.. 111

REFERÊNCIAS... 115

ÍNDICE REMISSIVO 119

1
INTRODUÇÃO

1.1 O QUE É INTELIGÊNCIA ARTIFICIAL?

A principal dificuldade para a compreensão do que se deve entender por inteligência artificial não está no adjetivo – artificial – mas no substantivo – inteligência – cujos contornos não são de fácil delimitação.[1] Há incontáveis habilidades, bastante diversas, como a formação de uma imagem a respeito da realidade circundante, a capacidade de aprender, de cooperar etc., que podem ser definidas como manifestações da inteligência, ou espécies ou modalidades desta. Todas, invariavelmente, estão associadas à habilidade de atingir objetivos, adaptando-se a dificuldades e alterações havidas no ambiente em que tais objetivos deverão ser alcançados. Mesmo em relação à inteligência humana, conhecem-se pessoas extremamente hábeis em matemática, física, cálculos e números, mas que têm dificuldades na compreensão de fenômenos humanos e sociológicos, inerentes a ramos do conhecimento como História e Sociologia. Ou que até podem ter grande habilidade no que tange ao acúmulo e ao concatenamento de informações, mas desprovidas de aptidões sociais e políticas, sendo tidas por seus colegas como ingênuas ou facilmente enganáveis. Alguns são considerados "gênios" no esporte que praticam, embora tenham dificuldade até em se expressar verbalmente. Nessa ordem de ideias, para Houaiss, inteligência é "faculdade de conhecer, compreender e aprender", sendo certo que há inúmeras formas e contextos em que se podem desenvolver tais ações. Na sequência, reforçando a ideia de que a inteligência tem diversas manifestações, aspectos ou nuances, o mesmo dicionário define a inteligência artificial como sendo o "ramo da informática que visa dotar os computadores da capacidade de simular certos aspectos da inteligência humana, tais como aprender com a experiência, inferir a partir de dados incompletos, tomar decisões em condições de incerteza e compreender a linguagem falada, entre outros."[2]

Percebe-se, na definição de Houaiss sobre inteligência artificial, uma particularidade comum a outros ramos do conhecimento: a dubiedade "ciência x objeto". Usa-se a mesma palavra para designar o ramo do conhecimento e o objeto[3] do qual ele se ocupa.[4] De uma forma ou de outra, aludindo ao produto da atividade do referido ramo da informática, ou ao objeto de suas atenções, a saber, *a aptidão de*

---

1. KAPLAN, Jerry. *Artificial Intelligence*: what everyone need to know. New York: Oxford University Press, 2016, p. 1.
2. HOUAISS, Antonio; VILLAR, Mauro de Salles; FRANCO, Francisco Manoel de Melo. *Dicionário Houaiss da língua portuguesa*. Rio de Janeiro: Objetiva, 2001, p. 1631.
3. Enquanto objeto, Juarez Freitas e Thomas Bellini Freitas a definem como "um sistema algorítmico adaptável, relativamente autônomo, emulatório da decisão humana.". FREITAS, Juarez; FREITAS, Thomas Bellini. *Direito e inteligência artificial*: em defesa do humano. Belo Horizonte: Forum, 2020, p. 30.
4. Dá-se o mesmo, v.g., com a palavra "Direito".

computadores de aprender com a experiência, inferir a partir de dados incompletos, tomar decisões em condições de incerteza etc.,[5] de logo se percebe que a inteligência artificial não se confunde, necessariamente, com a consciência. E, por isso mesmo, o ramo da informática que dela se ocupa não tem necessariamente esse objetivo. Observando-se a natureza, percebe-se algum tipo de inteligência – aprendizado, solução de problemas etc. – em uma vasta gama de seres vivos, mesmo naqueles que, até onde se sabe, não são dotados de consciência. Ter *self awareness* não é indispensável a que se aprenda com a experiência e se resolvam problemas.

Merece registro, ainda nessa delimitação de ideias, que a inteligência (qualquer que seja ela), pode ser dividida em *geral ou ampla*, de um lado, e *estreita ou restrita*, de outro.[6] No primeiro caso, tem-se a capacidade de aprender, conhecer, resolver problemas e tomar decisões para que se alcancem vários objetivos diferentes, os quais se podem apresentar aleatoriamente perante um mesmo sujeito ou agente, ou, até, objetivos que o próprio agente escolhe ou elege para atingir. No segundo, tudo isso se volta apenas à consecução de um objetivo determinado e específico, dado previamente por quem o idealiza ou opera, em apenas uma das diversas e variadas manifestações ou nuances da inteligência vista de modo amplo. Neste segundo tipo, pode-se dizer que existem, já, diversos sistemas inteligentes entre nós. Mas, no primeiro, o grande desafio dos que se ocupam da inteligência artificial, ainda não.[7]

Com efeito, a inteligência artificial, pelo menos nos dias de hoje, tende a ser bastante restrita, ou estreita, pois está presente em sistemas capazes de aprender, tomar decisões e resolver problemas de modo a realizar objetivos muito circunscritos, previamente definidos por seus idealizadores, como apenas a tradução de textos, ou a condução de veículos. O *Deep Blue,* computador da IBM que venceu o campeão de xadrez Garry Kasparov em 1997, por exemplo, era excepcionalmente bom apenas nisso: jogar xadrez.[8]

---

5. A ideia de "imitar" uma mente está presente em diversas definições. Margaret Boden, por exemplo, diz que a inteligência artificial *"seeks to make computers do the sort of things that minds can do."* BODEN, Margaret A. *AI*: Its nature and future. Oxford: Oxford University Press. 2016, p. 1. Na mesma ordem de ideias, a Resolução 332/2020, do Conselho Nacional de Justiça, define modelo de inteligência artificial como o "conjunto de dados e algoritmos computacionais, concebidos a partir de modelos matemáticos, cujo objetivo é oferecer resultados inteligentes, associados ou comparáveis a determinados aspectos do pensamento, do saber ou da atividade humana."

6. TEGMARK, Max. *Life 3.0.* Ser-se humano na era da inteligência artificial. Trad. João Van Zeller. Alfragide: Dom Quixote, 2019, p. 78.

7. "Difficult though it is to build a high-performing AI specialist, building an AI generalist is orders of magnitude harder." BODEN, Margaret. *AI*: Its nature and future. London: Oxford University Press. 2016, p. 50.

8. TEGMARK, Max. *Life 3.0.* Ser-se humano na era da inteligência artificial. Trad. João Van Zeller. Alfragide: Dom Quixote, 2019, p. 78.

1 • INTRODUÇÃO | 5

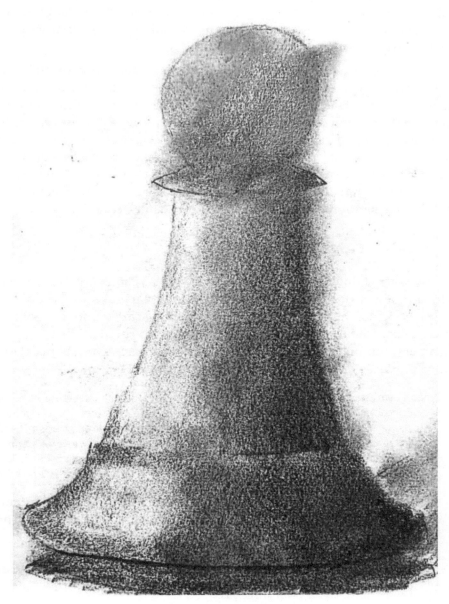

Desenho do próprio autor.

A inteligência humana, comparativamente, tende a ser muitíssimo ampla, pois é capaz de buscar a consecução de uma infinidade de metas diferentes, e, ainda, de definir seus próprios objetivos. Trata-se, por isso, da inteligência mais ampla – até onde se sabe – existente no Universo, em face da qual se pode dizer que este se está autocontemplando. O que não significa que a artificial não possa, um dia, chegar a esse ponto, ou mesmo ultrapassá-lo.

Em suma, caso se entenda por inteligência a capacidade de resolver problemas, de se adaptar a dificuldades, contornando-as para atingir objetivos predeterminados (que podem ser bastante específicos), tem-se que a inteligência artificial consiste na habilidade de máquinas ou sistemas não vivos desempenharem essa capacidade. Não é preciso, como dito, que a máquina tenha consciência de sua própria existência e da realidade ao seu redor, ou mesmo que possa realizar vários objetivos diferentes, mas apenas que consiga desempenhar satisfatoriamente tarefas até então tidas como exclusivamente humanas,[9] como dirigir um carro, jogar xadrez ou dama, selecionar contribuintes para serem fiscalizados mais profundamente etc.

1.2 O QUE SÃO "ALGORITMOS"?

Os sistemas informáticos inteligentes fazem usos de algoritmos, que nada mais são que instruções, ou receitas, sobre como devem proceder para que certo fim seja atingido. De forma muito simplificada, pode-se dizer, por exemplo, que a receita para a feitura de um bolo é um algoritmo. Diz-se ao cozinheiro de quais ingredientes ele precisa, e o que deve fazer com eles, para alcançar um objetivo, que é a produção do bolo. Mas, como observa Hannah Fry,

> não é bem assim que o termo é usado. Normalmente, os algoritmos referem-se a algo mais específico. Ainda se resumem a uma lista de instruções passo a passo, mas estes algoritmos são quase sempre objetos matemáticos. Requerem uma sequência de operações matemáticas – utilizam equações, aritmética, álgebra, cálculo, lógica e probabilidade – e traduzem-nas para código informático. São alimentados com dados vindos do mundo real, é-lhes dado um objetivo e são postos a trabalhar, realizando os cálculos necessários para atingir o seu objetivo.[10]

Diante de informações que ingressam no sistema – *input* –, o algoritmo tem as rotinas ou o *script* a respeito do que deve ser feito – o *output*. Note-se que a própria

---

9. Daí a definição bastante ampla – e simples – de Elaine Rich, Segundo a qual "artificial Intelligence is the study of how to make computers do things at which, at the moment, people are better..." RICH, Elaine. *Artificial Intelligence*. McGraw-Hill, 1983.

10. FRY, Hannah. *Olá futuro*: como ser humano na era dos algoritmos. Trad. Rita Carvalho e Guerra. Lisboa: Planeta, 2019, p. 22-23. No mesmo sentido, o art. 3.º, I, da Resolução 332/2020 do Conselho Nacional de Justiça - CNJ define algoritmo como "sequência finita de instruções executadas por um programa de computador, com o objetivo de processar informações para um fim específico.

vida biológica segue algoritmos, os quais estão gravados no DNA dos seres vivos. É a partir deles que os mesmos *inputs* – nutrientes, água e oxigênio – fornecidos a dois seres diferentes, transformam-se em *outputs* – células, tecidos e órgãos diversos.

De referida noção, é importante destacar, para os fins deste livro, os seguintes pontos:

(a) os algoritmos partem de um modelo, ou de uma imagem do mundo ao seu redor, diante do qual interpretam o *input* que recebem. Imagine-se um algoritmo cujo objetivo é sugerir a usuários de uma plataforma de turismo os melhores destinos para uma viagem, e que possui a informação de que na cidade "X" a temperatura média no período é de 40º C. Diante da informação de que o turista busca passar as férias em locais com "temperatura amena", o algoritmo necessita, para sua decisão sobre sugerir ou não o aludido destino, ter acesso à temperatura em outros destinos passíveis de serem oferecidos àquele mesmo viajante, e à compreensão do que aos seres humanos é considerado "ameno" em termos de temperatura ambiente. Como o modelo de que parte o algoritmo dependerá de uma representação da realidade, não se pode afastar o risco de, em alguns casos, essa representação não corresponder adequadamente à realidade representada, levando assim a resultados equivocados. Retornando à ilustração antes utilizada, por exemplo, tanto pode haver falha na identificação do que seja uma temperatura amena, como na medição das temperaturas verificadas concretamente em cada uma das cidades consideradas;

(b) os algoritmos perseguem objetivos, os quais, até o momento, lhes são externos, ou seja, são indicados por quem os elabora ou idealiza. Dessa forma, a discussão sobre quais objetivos os algoritmos devem perseguir antecede e transcende qualquer debate a respeito de sua aceitabilidade ou utilidade, evidenciando ainda o fato de que eles não são neutros. Como advertem Maria do Céu Patrão Neves e Maria da Graça Carvalho, toda tecnologia é obra do ser humano e, como tal, "traz em si, irredutivelmente inculcada, a marca do seu criador que se expressa sob o signo da finalidade".[11]

1.3 O QUE SE ENTENDE POR BIG DATA?

Reflexões em torno da capacidade de máquinas aprenderem, resolverem problemas e alcançarem objetivos talvez sejam tão antigas quanto as próprias máquinas, ou mesmo anteriores a elas, se se pensar no plano da ficção científica.

---

11. NEVES, Maria do Céu Patrão; CARVALHO, Maria da Graça. (Coord.). *Ética aplicada*: novas tecnologias. Lisboa. Edições 70. 2018, p. 9.

No campo da investigação acadêmica, quando do surgimento dos primeiros computadores, havia grande expectativa em torno da inteligência artificial e de suas promessas. Era quase que um lugar comum, nos anos 1960 e 1970, imaginar o futuro próximo, que então seria o final do Século XX, já povoado por máquinas inteligentes.

Não houve, porém, um resultado assim tão rápido, levando a alguma decepção por parte de acadêmicos, universidades, e agências de fomento, o que conduziu a certo afastamento do assunto, o que ficou conhecido como um "inverno da IA". No final do Século XX, em vez de uma empolgação com máquinas inteligentes, via-se o mundo da computação entusiasmado com as potencialidades da informática para ampliar a *comunicação* entre seres humanos. Naquela época, não se pensava tanto em máquinas inteligentes, robôs com feições e comportamentos humanos etc., comuns no cinema de décadas anteriores. Ao contrário, os computadores eram então usados muito mais como terminais a partir dos quais humanos poderiam trocar mensagens, enviar e-mails, ou pesquisar informações inseridas na rede por outros humanos. Algo, inclusive, que muitos dos entusiastas da informática de décadas anteriores sequer haviam previsto.

Tudo isso conduziu à difusão e à popularização da *internet*, que passou a permear a vida de todos e a maneira como se realizam as mais diversas atividades. Mas levou, também, a que se pudessem reunir quantidades colossais de dados, de informações, que passaram assim a estar acessíveis aos computadores que se conectassem à grande rede. Computadores isolados uns dos outros, cujos processadores poderiam ser alimentados apenas por informações trazidas em disquetes ou discos ópticos, foram substituídos por computadores interconectados, que tinham, e têm, à disposição, informações ou dados acessíveis por meio da grande rede. Surgiu, então, o que se passou a chamar de *Big Data,* ou Grandes Dados: uma quantidade absurda de informações, cujo crescimento é exponencial, e que podem ser processadas e trabalhadas por computadores de uma maneira impossível aos humanos. Desse processamento, podem-se tirar conclusões de maior utilidade ou relevância, dando novo fôlego à Inteligência Artificial, que experimentou, assim, um renascimento.

Com efeito, nos anos 1970 e 1980, os computadores basicamente tinham acesso aos dados que lhes eram trazidos a partir do mundo exterior por seus periféricos de *input* mais próximos (teclado, *disk drives* etc.), capazes de lhes alimentar com dezenas ou talvez centenas de kilobytes. Partindo de tais *inputs* limitados, fazendo uso de inferências dedutivas, algoritmos até poderiam oferecer resultados ou soluções minimamente satisfatórios, e logicamente precisos, para problemas para cuja solução tivessem sido projetados, mas com capacidade bastante reduzida de assim formarem novos conhecimentos ou incrementarem o que seus criadores já conheciam.[12] Com o advento do *Big Data*, a quantidade de informações disponível a um algoritmo, processado por um computador, cresce de forma descomunal, permitindo a eles, na velocidade com que os computadores os podem executar, resultados incomparavelmente mais significativos. Talvez isso – a pobreza do *input* – explique o relativo insucesso da IA até os anos 1990, e o seu florescimento cerca de quinze ou vinte anos depois, quando algumas das promessas do passado começaram a se mostrar possíveis.

Também aqui há pontos a serem destacados, porquanto relevantes para o desenvolvimento subsequente de temas a serem abordados neste livro:

(a) O Big Data, ou os Grandes Dados, não são informações dotadas de um significado intrínseco. Os dados, por mais expressivos que sejam, precisam ser selecionados, interpretados, ou compreendidos, pelo algoritmo, o que por certo depende do modelo para tanto idealizado por quem o codifica ou programa;

(b) os dados gigantescamente acumulados e processados por sistemas informáticos são coletados a partir da realidade, ou do mundo fenomênico. São fotos, relatos, textos, registros de áudio, que são coletados a partir de fragmentos da realidade, não refletindo assim – seria impossível – a totalidade do real. E, como todo fragmento, são parciais, nos mais variados sentidos que essa palavra pode ter, além de precários e falíveis, no sentido de que podem não corresponder à realidade retratada, por mais numerosos que sejam.[13] Daí os problemas que decorrem quando, a partir deles, se realizam inferências indutivas, aspecto ao qual se voltará mais à frente, no item 3.1.[14]

1.4 IMPLICAÇÕES PARA O DIREITO DE CURTO, MÉDIO E LONGO PRAZO

As noções apresentadas nos itens anteriores já antecipam, à leitora mais atenta, as diversas implicações da inteligência artificial (doravante, IA) para o Direito, para a Filosofia, e para as ciências que se ocupam do humano em geral, as quais devem ser objeto das atenções, sobretudo, dos especialistas de referidas áreas. É basicamente delas que trata este livro.

---

12. LASRON, Erik J. *The myth of artificial intelligence*: Why computers can't think the way we do. Cambridge, Massachusetts – London, England: The Belknap Press of Harvard University Press, 2021, p. 110.
13. Essa característica está na base, por igual, do estudo da Teoria do Conhecimento (até então, humano), ou Epistemologia, ramo da Filosofia que possui mais de dois mil anos.
14. LASRON, Erik J. *The myth of artificial intelligence*: Why computers can't think the way we do. Cambridge, Massachusetts • London, England: The Belknap Press of Harvard University Press, 2021, p. 123.

Tais implicações, ou impactos, serão graduais, conforme evolua a tecnologia de IA, e assim se amplie seu uso e sua interferência nas relações humanas disciplinadas pelo Direito. Daí por que, nos itens seguintes deste livro, elas serão examinadas em três blocos, os quais dão nome aos respectivos capítulos, conforme surjam, ao que se prevê, no curto, no médio e no longo prazo, contados da publicação da primeira edição deste escrito.

No curto prazo, que a rigor já é o presente e mesmo o passado recente, porquanto seu uso não é de hoje,[15] os algoritmos têm implicações para o Direito que dizem respeito, por exemplo, ao seu uso por autoridades do Poder Público – algo que já ocorre no Brasil e em vários outros países – e às consequências daí decorrentes no que tange ao princípio do devido processo legal, ao dever de fundamentação dos atos administrativos e das decisões judiciais, à necessidade de serem transparentes, de se evitar que cometam ou abram margem para que sejam cometidas discriminações, e de que seus possíveis erros sejam passíveis de detecção e correção.

No médio prazo, conforme os algoritmos se popularizem na condução de automóveis – algo que em 2023, quando estas linhas estão sendo escritas, é ainda incipiente –, e no manejo autônomo de máquinas e outros artefatos e veículos, as implicações, que já estão a ocupar os especialistas, giram em torno de como tais sistemas se comportarão diante de situações difíceis, nas quais escolhas dramáticas tenham de ser tomadas. Aludem-se, por escolhas dramáticas, aquelas nas quais todas as alternativas factualmente viáveis envolvem prejuízos, danos ou sacrifícios a bens ou valores passíveis de proteção, sendo o *trolley dilema* de que tanto falam os manuais de filosofia moral o principal exemplo disso.

Trata-se do conhecido experimento mental no qual um bonde desgovernado e sem freios trafega por trilhos ao final dos quais estão cinco trabalhadores, que serão inexoravelmente mortos quando atingidos pelo vagão. A única forma de salvá-los seria fazendo um desvio, recorrendo a um caminho alternativo, ao cabo do qual está um trabalhador, que morrerá se atingido. Faz-se o desvio, poupando-se cinco vidas ao custo do sacrifício de uma? Há incontáveis variações no experimento, destinadas a testar as diversas teorias filosóficas a respeito da moralidade, ou do que seria correto fazer, as quais até o momento inspiravam debates apenas em cursos de Filosofia, como meros experimentos mentais.[16] Com o advento de veículos de condução autônoma, porém, o debate passa a ter

---

15. Se por "mundo" se designar o planeta Terra, há tempos a IA até já saiu de suas fronteiras. Como nota Margaret Boden, "some lie outside our planet: robots sent to the Moon and Mars, or satellites orbiting in space." BODEN, Margaret A. *AI: Its nature and future.* Oxford: Oxford University Press. 2016, p. 1.
16. Confira-se, por todos: EDMONDS, David. *Would You Kill the Fat Man?* The Trolley Problem and What Your Answer Tells Us about Right and Wrong. New Jersey: Princeton University Press, 2014. Confira-se

como palco, também, a elaboração e a programação de tais veículos, que não raro estarão submetidos a situações análogas, exigindo-se-lhes uma decisão a respeito.

Para inculcar nas máquinas critérios morais – e principalmente jurídicos – para fazer julgamentos, será necessário fazer com que compreendam os comandos normativos, e identifiquem as situações de fato sobre as quais eles incidem. Esse desafio não terá como ser enfrentado por cientistas da computação sozinhos, sendo inafastável a participação de filósofos, teóricos do Direito, e também especialistas em Epistemologia, Neurociência, Hermenêutica, Argumentação e Ciências Cognitivas, pois o grande obstáculo será a compreensão de enunciados normativos à luz de situações de fato, a fim de realizar valores, conjugação necessária inclusive a que se identifiquem ou se estabeleçam possíveis exceções ao que prescrevem tais comandos. Mesmo que não se tenha êxito na tarefa, exercê-la vale à pena, pois permitirá – aliás, já está permitindo – compreender de forma mais completa e ampla como os próprios humanos levam a efeito essas atividades.

Finalmente, no longo prazo, a respeito do qual especialistas divergem sobre o tempo necessário a que tal cenário se implemente, ou mesmo se poderá um dia ser implementado, as questões orbitam as consequências jurídicas e morais do surgimento de entes artificiais dotados de inteligência ampla, e mesmo de consciência. *Self awareness*, e, eventualmente, sentimentos e emoções. Serão sujeitos de direitos e obrigações? Terão dignidade? Direito ao fruto de seu trabalho,[17] ou este deverá pertencer aos proprietários de tais máquinas, em uma distópica e repaginada versão da escravidão? E se as máquinas se tornarem ainda mais inteligentes que os seres humanos, tornando-se assim poderosa fonte de poder, será lícito que elas próprias determinem os destinos da humanidade? Caso negativo, deverão ficar sob o controle de quem, se isso for factualmente possível? Do Estado?

A IA talvez esteja lançando à humanidade o seu maior desafio. Pode superá-la, e pode deixá-la na posição mais próxima do que seria a de um Deus, um Criador. Envolve, assim, a paradoxal função de um espelho: será algo à nossa imagem e semelhança?[18] E qual é essa imagem? O que nos faz humanos? O que consideramos correto, justo, e assim esperamos de tais máquinas? O que faremos se elas não seguirem nossas expectativas? Desses temas tratará a parte final do livro.

---

ainda, na internet, já sobre as implicações do experimento sobre máquinas e carros autônomos: https://www.moralmachine.net/hl/pt

17. Cf. SOLAIMAN, S. M. Legal personality of robots, corporations, idols and chimpanzees: a quest for legitimacy. *Artif Intell Law (2017)* 25:155-179, Springer, 14 November 2016, DOI 10.1007/s10506-016-9192-3.

18. A propósito, Margaret Boden registra que "AI itself has taught us that our minds are very much richer than psychologists had previously imagined." BODEN, Margaret A. *AI: Its nature and future.* Oxford: Oxford University Press. 2016, p. 3.

2
NO CURTO PRAZO

Não é de hoje que algoritmos de inteligência artificial permeiam nossas vidas,[1] subjacentes a atividades do dia a dia como a escolha de produtos ou serviços a serem consumidos em plataformas *online*, a tradução de textos, a pesquisa de conteúdo – v.g., jurisprudência em *sites* de Tribunais – e mesmo a operação de centrais de atendimento ao cliente, por *chat* ou telefone. Já é possível, portanto, tratar de aspectos ou repercussões jurídicas desse uso, no curto prazo. Aliás, nem é de um futuro próximo que se cogita, mas do presente e mesmo de um passado recente.

As repercussões jurídicas desse uso são as mais diversas. Basicamente dizem respeito ao que se faz, por meio dos algoritmos, e do tratamento que tais ações têm ou deveriam ter à luz das normas jurídicas. Nos itens seguintes, colhem-se apenas alguns desses aspectos, de maneira naturalmente não exaustiva. Estão todos relacionados ao controle ou à limitação do poder – finalidade precípua do Direito – e aos desafios a tanto lançados pelo uso da IA.

A interação de seres humanos exige a interveniência do Direito enquanto instrumento de compartição de liberdade.[2] Inafastável, assim, que essa interação, quando levada a efeito por meio de algoritmos, suscite questões relacionadas ao seu disciplinamento jurídico. Tais questões tornam-se mais sensíveis quando a interação tem como parte pessoas que supostamente corporificam os interesses da coletividade, vale dizer, que agem em nome do Poder Público.

Os algoritmos fazem mais delicados alguns aspectos da atuação dos que exercem o poder, em uma sociedade, por dificultarem a atuação de mecanismos construídos ao longo de séculos, em um lento processo de tentativa e erro, para controlar esse exercício. Tais mecanismos institucionais foram moldados a partir de erros cometidos por humanos, e destinam-se a evita-los, ou corrigi-los, levando em consideração a experiência haurida de quando praticados por humanos, o que pode não funcionar, ou não funcionar tão bem, quando máquinas passam a executar as mesmas tarefas. Será preciso identificar os erros e as particularidades presentes quando da atuação de máquinas, para que se corrijam ou aprimorem os mesmos mecanismos jurídicos. Publicidade, transparência, imparcialidade, legitimidade dos fins a serem perseguidos, respeito a normas preestabelecidas, efetiva possibilidade de correção de erros, essas são apenas algumas das questões que a IA, quando utilizada por autoridades, torna mais problemáticas e desafiadoras.

---

1. FENOLL, Jordi Nieva. *Inteligencia Artificial e Proceso Judicial*. Madrid: Marcial Pons. 2018.
2. ZIPPELIUS, Reinhold. *Introdução ao Estudo do Direito*. Trad. Gercélia Batista de Oliveira Mendes, Del Rey, Belo Horizonte, 2006, p. 35.

2.1 VIESES E O MITO DA NEUTRALIDADE

Um dos problemas atuais no uso de algoritmos para o desempenho das mais variadas tarefas, desde a tradução de textos até a definição de quem deve ter direito à liberdade condicional, ou a quais áreas a polícia deve patrulhar de maneira mais ostensiva, reside em sua aparente e possível neutralidade. Quando usados por autoridades do poder público, então, algoritmos enviesados tornam-se ainda mais potencialmente danosos.

Partindo de uma compreensão coloquial, haurida do senso comum, pode parecer que máquinas, executando algoritmos no desempenho de tarefas que envolvem seleções, escolhas e julgamentos, serão neutras por definição. Computadores não teriam preconceitos, ou preferências pessoais, de modo a serem pautados por motivações racistas, machistas, ideológicas etc. Trata-se, porém, de uma concepção falsa.

A partir de informações com as quais são alimentados (*input*), são capazes de executar as fórmulas matemáticas que os integram e, em seguida, apresentar resultados (*output*). Nessa condição, se os dados dos quais partirem forem enviesados, os resultados possivelmente também o serão. Carl T. Bergstrom e Jevin West, no curso *Calling Bullshit in the Age of Big Data,* disponível no Youtube,[3] usam expressão simples e direta para designar esse fenômeno: *garbage in, garbage out.* O que pode ser traduzido para algo como: se entra lixo, o que sai é lixo também. Voltando ao exemplo da receita de bolo para ilustrar, de modo muito simplificado, o que seria um algoritmo, ainda que se tenha uma excelente receita, o emprego de ingredientes de má qualidade prejudicará sem dúvida o resultado.

Alguns testes podem ser feitos, os quais, em princípio, poderiam refutar a hipótese acima formulada, de que os algoritmos não são neutros, por uma série de razões, sendo a principal delas decorrente da circunstância de que não há neutralidade na coleta dos dados que os alimentam. Tome-se como exemplo o sistema de tradução automatizado Google Tradutor. Trata-se de um sofisticado algoritmo de inteligência artificial, inclusive capaz de aprender com a experiência de traduções anteriormente nele efetuadas e com a colaboração dos usuários. Na época em que fiz este experimento pela primeira vez, no ano de 2020, se se inserisse a frase em inglês "I want to be a judge", e se selecionasse a opção de tradução para a língua portuguesa, o resultado apresentado seria "eu quero ser juiz". Por que não "eu quero ser juíza"?

---

3. Disponível em: https://youtu.be/A2OtU5vlR0k.

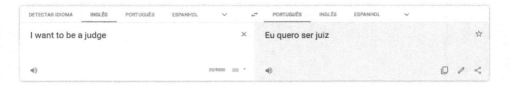

Pode-se dizer que a frase tanto poderia ser traduzida de uma forma como de outra. Sem um contexto que permita concluir que se trata de um homem, ou de uma mulher, "I want do be a judge" tanto pode ser "eu quero ser juiz" como "eu quero ser juíza". Isso é verdade, e seria uma boa defesa em prol de uma suposta neutralidade do algoritmo tradutor, embora ainda se pudesse questionar o motivo pelo qual, diante da dúvida, a opção é pelo gênero masculino. Mas a defesa não procede. Tanto que, se se escrever "I want to be a nurse", a tradução apresentada é "eu quero ser uma enfermeira", mesmo sem elementos que igualmente indiquem tratar-se de um homem ou uma mulher. O algoritmo pressupõe que *judges* são homens, enquanto *nurses* são mulheres.

Não se trata, aliás, de mera pressuposição. Trata-se de um viés bastante arraigado, que chega mesmo a distorcer as traduções referentes a essas palavras. Para demonstrá-lo, basta fazer a experiência com a adição de outros elementos, capazes de deixar claro que a frase a ser traduzida faz referência, sem dúvida, a uma mulher. Mesmo assim, a tradução é falha, justamente por não se considerar que mulheres podem ser juízas. Veja-se o que ocorre, por exemplo, quando se tenta "The judge and her husband":

Ilustração de Lara Ramos de Brito Machado

"The judge" só pode ser homem, para o algoritmo. Tanto que "her husband" é considerado como a fazer alusão ao marido de outra pessoa, já que a mulher não pode ser "the judge". Mas a frase produto da tradução, reconheça-se, ainda pode fazer sentido. É possível mesmo que se trate de um juiz, homem, acompanhado do marido de alguma outra mulher. A pá de cal, na verdade, a confirmar inequivocamente o quanto o viés embaça a capacidade do algoritmo, vem quando se pretende traduzir, por exemplo, "I am a woman and I want to be a judge":

O contexto da frase não poderia ser mais claro quanto à circunstância de que "judge" se refere a uma mulher. Mesmo assim, o algoritmo insiste em que juízes são sempre homens. Mas se se altera a profissão do exemplo para, v.g., "nurse", "cook" ou "hairdresser", o mesmo não ocorre. Diversamente da magistratura, essas outras profissões são por ele aceitas como sendo atribuíveis a mulheres:

2 • NO CURTO PRAZO 19

Ilustração de Lara Ramos de Brito Machado

Por certo que não se está culpando o algoritmo, ou seus idealizadores, por esse enviesamento. É mesmo possível que, à altura em que a leitora passa os olhos por estas linhas, a questão específica do tradutor tenha passado por aprimoramentos, e as mesmas traduções já não sejam feitas de modo assim enviesado, ou se ofereçam ao usuário opções de gênero para a tradução.[4] Culpados somos nós, nossa sociedade, que usa a língua, e que produz os dados a partir dos quais as traduções são feitas.[5] Tanto que problema semelhante já havia sido colocado, há muitos anos, aos dicionários tradicionais, impressos, criticados por trazerem definições que seriam preconceituosas, discriminatórias ou politicamente incorretas.[6] Mas, diferentemente de um dicionário impresso que meramente reporta os vários usos que de fato são dados a determinada palavra, o algoritmo tradutor parte de um preconceito para alterar a própria tradução, fazendo-a equivocada.

Além dos vieses decorrentes dos dados usados para alimentar o algoritmo, em função dos quais oferecerá seus resultados, há aqueles que dizem respeito à própria constituição do algoritmo. Por vezes a maneira como é idealizado leva a que priorize ou dê mais relevância a dados que confirmam suas pressuposições iniciais (viés da confirmação), a exemplo dos sistemas que auxiliam policiais a fiscalizar bairros mais perigosos, os quais levam a que se detectem mais ocorrências nesses bairros – porque são mais fiscalizados que outros, não porque sejam de fato mais perigosos –, confirmando a ideia de que são perigosos e levando a que sejam mais e mais fiscalizados.

Há casos, ainda, em que o próprio algoritmo parte de pressuposições, em sua feitura, que são enviesadas.[7] Ou visa a atingir fins, ou objetivos, que nem sempre estão claros, ou foram suficientemente discutidos. Imagine-se, para ilustrar, um algoritmo que ajuda uma pessoa a emagrecer, indicando-lhe a dieta mais adequada para chegar a essa finalidade: sua existência mesmo pressupõe que as pessoas devem ser magras e precisam fazer uma dieta para atingir esse fim. Por mais que concordemos com a meta e com o caminho para chegar nela, não podemos negar que, ao se elaborar um algoritmo para isso, tais questões se tornam pressupostas e, nessa condição, invisíveis e não mais questionáveis, o que nem sempre é positivo. Imagine-se o uso de um algoritmo por agentes da Administração Tributária, aspecto que se examinará mais detidamente no item

---

4. Os *prints* foram feitos em 2021.
5. The question, however, is whether we've eliminated human bias or simply camouflaged it with technology. O'NEIL, Cathy. *Weapons of math destruction*. How big data increases inequality and threatens democracy. New York: Crown, 2016, p. 25.
6. Disponível em: https://www.oabrj.org.br/tribuna/novo-espaco-classe/preconceito-ou-censura. https://www1.folha.uol.com.br/fsp/cotidian/ff150336.htm.
7. O'NEIL, Cathy. *Weapons of math destruction*. How big data increases inequality and threatens democracy. New York: Crown, 2016, p. 21.

2.3, infra: deverá ele buscar reduzir o trabalho das autoridades, dando-lhes mais comodidade? Procurar meios de incrementar a arrecadação de tributos? Facilitar o cumprimento de obrigações por parte dos cidadãos contribuintes? E quanto a corrigir erros praticados por contribuintes que pagam tributos *a maior*, ou seja, em quantias superiores às legalmente devidas? Deve identificar tais erros e promover a devolução dos valores pagos indevidamente? Veja-se que estes são objetivos, metas ou propósitos que subjazem à própria elaboração de um sistema de inteligência artificial, mas que nem sempre transparecem aos que a ele se submetem.

Some-se a isso o fato de que os algoritmos, como modelos que são, simplificam a realidade, processo no qual importantes aspectos podem se perder. Imagine-se, por hipótese, um algoritmo destinado a auxiliar o juiz a determinar se uma liberdade condicional deve ou não ser concedida, e para isso examina a possibilidade de o condenado incorrer em reincidência, cometendo novos crimes. Mesmo pondo de lado os problemas ligados a essa previsão – que são muitos –, e a pressupondo perfeita, pode-se questionar se esse seria o único aspecto a ser considerado. Não seria importante considerar, também, outros fatores, como a segurança do próprio condenado, que pode ser colocado em risco em caso de soltura, diante de ameaças de membros de gangues rivais, ou da sua própria? Outro aspecto que é decidido por quem elabora o algoritmo, e depois se torna invisível, ou simplesmente deixa de ser levado em conta, a quem o utiliza.

Mais um fator importante de correção, combate ou pelo menos minimização de tais vieses é a existência de uma maior participação da sociedade (pelo menos no caso de algoritmos usados pelo Poder Público), e um maior controle da diversidade e da abrangência dos dados usados para alimentá-los, em seu aprendizado.

De tais constatações não se deve concluir, por certo, pelo abandono do uso da informática, de algoritmos, e da inteligência artificial, como ferramentas capazes de auxiliar seres humanos na solução de problemas e no desempenho das mais variadas tarefas. Mas é preciso ter consciência de sua falibilidade, tirando, daí, conclusões e consequências,[8] destinadas a prevenir e corrigir possíveis falhas. Voltar-se-á ao tema mais adiante, notadamente no item 3.1 deste livro, mas de logo se pode adiantar que, constatando-se a possibilidade de o algoritmo ser enviesado, podem-se criar mecanismos desenviesantes, ou submeter o resultado de suas ações a uma análise crítica,

---

8. "Nenhuma tecnologia é axiologicamente neutra – este é um facto que ainda não foi suficientemente assimilado nem pelos seus criadores, nem pelos seus utilizadoras, nem pelos seus financiadores, nem pelos seus gestores." NEVES, Maria do Céu Patrão.; CARVALHO, Maria da Graça. (Coord.). *Ética aplicada*: novas tecnologias. Lisboa. Edições 70. 2018, p. 9.

ao invés de pressupor que, porque supostamente menos falíveis que os humanos, os equívocos ou desacertos de sua atuação não seriam objeto de preocupação.[9]

A inteligência artificial pode ser empregada, por igual, para mitigar a atuação de vieses ou de ruídos nas decisões humanas, servindo como instrumento não para substituir, mas para aperfeiçoar a atuação humana. Imagine-se, por exemplo, o algoritmo que, em vez de impor ao desembargador o modelo de voto pronto, feito com base em precedentes da Corte, para todo e qualquer processo que lhe chegue, tem o papel de apontar as sentenças cuja revisão é submetida à Corte, separando aquelas que considera convergentes com o entendimento do tribunal, daquelas que dele divergem, de modo a reclamar maior atenção às últimas. Ou, ainda, o algoritmo que adverte o julgador de que ele está se desviando de seus próprios precedentes – o que pode estar sendo motivado por vieses ou ruídos –, levando-o a repensar sua decisão, de sorte a explicitar os motivos de eventual *distinguishing* ou *overulling*, ou afastar o viés e decidir conforme o precedente.[10] São os chamados algoritmos desenviesantes.[11]

Decisões humanas são sujeitas a ruídos, os quais podem decorrer de aspectos pessoais, circunstanciais ou ambientais.[12] O time de futebol para o qual o julgador torce perdeu no dia anterior, ou o juiz brigou com sua mulher, ou a juíza brigou com o marido, ou o dia está excessivamente quente, ou algo muito ruim ocorreu no mundo. Esses são fatores que podem interferir na decisão humana, mas não naquela levada a efeito pelo algoritmo. Diante disso, o adequado é, tendo conhecimento de como vieses e ruídos interferem em decisões humanas, e, de modo distinto, em decisões algorítmicas, promover uma combinação de ambas de modo a que se somem suas qualidades e se neutralizem seus defeitos. O relevante é que os algoritmos sejam não propriamente transparentes, mas *explicáveis,* ou seja, aqueles que os utilizam, e se submetem às suas decisões, ações e atuações, saibam quais parâmetros, fatores ou objetivos pautam seu funcionamento.

2.2 DEVIDO PROCESSO LEGAL E A IA

A circunstância de que algoritmos não são necessariamente neutros, e de que são falíveis, suscita a questão relativa ao controle de sua atuação, notadamen-

---

9. O art. 7.º, § 3.º, da Resolução 332/2020, do Conselho Nacional de Justiça - CNJ, estabelece que a "impossibilidade de eliminação do viés discriminatório do modelo de Inteligência Artificial implicará na descontinuidade de sua utilização, com o consequente registro de seu projeto e as razões que levaram a tal decisão."

10. SUNSTEIN, Cass R., Algorithms, Correcting Biases (December 12, 2018*). Forthcoming, Social Research*, Available at SSRN: https://ssrn.com/abstract=3300171.

11. FREITAS, Juarez; FREITAS, Thomas Bellini. *Direito e inteligência artificial*: em defesa do humano. Belo Horizonte: Forum, 2020, p. 99.

12. KAHNEMAN, Daniel; SIBONY, Olivier; SUNSTEIN, Cass R. *Ruido*. Trad. Cassio de Arantes Leite. Rio de Janeiro: Objetiva, 2021.

te quando instrumentalizam o exercício de alguma forma de poder. Por outras palavras, como submetê-los ao devido processo legal?

O debate em torno da conveniência de se usarem sistemas inteligentes para as mais diversas finalidades, como conduzir veículos, traduzir textos, analisar imagens de exames médicos, ou selecionar processos para aplicação de precedentes em Tribunais, não pode consistir apenas em um "sim" ou "não", baseado na circunstância de serem os algoritmos mais ou menos falíveis que os humanos. Não se trata, apenas, de considerar que algoritmos falham menos que os humanos – seja no reconhecimento de rostos, na identificação de vozes, ou na condução de um veículo. Mesmo que falhem estatisticamente menos – v.g., um carro de condução autônoma se envolva em menos acidentes que a média dos motoristas humanos – é preciso, para delegar aos algoritmos a execução de tais tarefas, construir mecanismos de controle de erros adequados à identificação e à correção dos lapsos que vierem a cometer.[13] Daí a relevância, notadamente no que tange à aplicação do Direito, do devido processo legal.

Ao longo de muitos séculos, em um lento processo de tentativa e erro, instituições jurídicas foram criadas para limitar o poder daqueles incumbidos de elaborar regras de conduta, e de aplicá-las, para minimizar as oportunidades para o arbítrio. No plano da elaboração de tais normas, destinadas a dispor e interferir sobre vida, propriedade e liberdade de forma geral e abstrata, criaram--se mecanismos para imprimir-lhes justiça e legitimidade, fazendo com que *(i)* sejam elaboradas por representantes eleitos; *(ii)* sejam ouvidas, nos debates em torno de seu conteúdo, a posição dos que serão afetados por elas, notadamente eventuais minorias; *(iii)* se siga um processo em que haja oportunidade de manifestação e participação etc. Supremacia constitucional, legalidade, separação de poderes, e a existência de um processo legislativo, são algumas consequências ou manifestações dessa evolução, a limitar, de diversas formas, a ação daqueles que elaboram as normas que de algum modo interferirão na condução das vidas de terceiros, prescrevendo a estes o que podem ou não, ou o que devem, fazer.

Mas de muito pouco, quase nada, adiantaria a existência de tais normas, ainda que adequado o seu conteúdo, se não houvesse também mecanismos destinados a limitar o poder daqueles encarregados de as aplicar. Como fazer, em outros termos, com que as pessoas encarregadas de aplicar tais normas realmente sigam o que elas dispõem? Qual a utilidade, por exemplo, de uma norma constitucional que assevera não haver crime sem prévia lei que o defina, somada a uma lei que define como crime a conduta "A", se a autoridade estatal a quem couber a aplicação

---

13. FRY, Hannah. *Olá futuro*: como ser humano na era dos algoritmos. Trad. Rita Carvalho e Guerra. Lisboa: Planeta, 2019, p. 200.

da lei penal puder acusar, condenar e punir pessoas pela suposta prática do citado crime, mesmo quando não se estiver diante da conduta "A"?[14]

Na mesma ordem de ideias, de que adiantaria a Constituição condicionar a criação de tributos à edição de leis, e essas leis afirmarem devidos certos tributos apenas quando ocorridos os fatos "F", se a autoridade fazendária puder, impunemente, exigir tributos em quaisquer outros contextos, nos quais não verificados os tais fatos "F"? De muito pouco, quase nada, como dito. Daí por que o devido processo legal limita, também, no plano da concreção, a atividade de autoridades encarregadas de aplicar normas, notadamente quando delas advém interferências na liberdade ou na propriedade das pessoas. Daí a existência de institutos jurídicos como o dever de motivação de atos e decisões estatais (administrativas ou judiciais), princípios como ampla defesa e contraditório, a separação de poderes, as garantias da magistratura (para que os juízes tenham coragem de decidir contra os interesses do Executivo, por exemplo), e assim por diante.

Não é o caso, aqui, de detalhar a História, e os desdobramentos, nos planos da produção e da aplicação normativa, do princípio do devido processo legal. Há literatura em abundância a respeito do assunto. A questão, em verdade, é que os desdobramentos do citado princípio, ou os institutos que dele decorrem (dever de motivação, ampla defesa etc.), foram moldados, nos séculos de tentativa e erro, diante de atuações humanas. Referida experiência, milenar, não teve por objeto erros cometidos por julgadores artificiais, levados a efeito por algoritmos. Por isso, os institutos assim criados podem não ser inteiramente adequados ao controle do exercício do poder, em tais instâncias (de elaboração e aplicação de normas), quando levado a efeito por sistemas de inteligência artificial.

A título de exemplo, imagine-se que um sistema inteligente tem de quantificar e cobrar um tributo. É preciso identificar a prática de fatos tributáveis, e sobre eles aplicar as leis vigentes, calculando o tributo devido em virtude da ocorrência dos citados fatos. Nesse contexto, o sistema precisará, primeiro, partir de uma compreensão do que determina a lei, ou seja, de seu conteúdo, significado e alcance. Que compreensão será essa? Quem o programará conhece a lei? Sendo certo que os textos normativos não são unívocos, de qual dos vários significados possíveis partirá o programador, para construir o algoritmo capaz de aplicar tal lei? Não se pode desprezar o risco de o programador, aquele que elabora o algoritmo encarregado de aplicar a lei, ou de tomar decisões com base nela, partir de uma compreensão do significado de seu texto bem diversa, diferente e mesmo original, de seu sentido (mas – pode perguntar a leitora – que sentido? Quem o determina?). O algoritmo partirá de critérios normativos, gerais e abstratos, que eventualmente podem mesmo

---

14. TARUFFO, Michele. *La prueba de los hechos*. 2. ed. Trad. Jordi Ferrer Beltrán. Madrid: Trotta, 2009, p. 86.

ser completamente diferentes daqueles constantes dos textos legais aprovados com respeito ao devido processo legal. Sendo que os programadores não foram eleitos, não necessariamente são permeáveis aos anseios de seus eleitores, ou sensíveis à opinião pública. Por mais nobres que sejam seus propósitos, poderão seguir – ou confeccionar algoritmos para seguir – critérios normativos completamente diversos, elaborados sem qualquer respeito aos ditames do devido processo legal.

E, quando da aplicação de tais critérios a casos concretos, à luz dos quais o significado dos textos legais assumirá maior precisão e determinação, a situação tende mesmo a se agravar, no que tange ao afastamento, ou ao esvaziamento, das garantias inerentes ou decorrentes do devido processo legal. Como saber os critérios que pautaram os julgamentos ou as decisões dos algoritmos, para eventualmente controlar equívocos neles constantes, se não há transparência? Ou, mais propriamente, se não se conhecem os critérios que orientam suas decisões?

A Receita Federal do Brasil, por exemplo, usa sistemas de inteligência artificial para orientar agentes da alfândega a respeito de quais passageiros devem ser parados para terem sua bagagem fiscalizada, e quais podem passar sem serem incomodados, em alguns aeroportos brasileiros, quando da chegada de um voo internacional. O objetivo, com o uso da inteligência artificial, é tornar mais eficiente o trabalho de tais agentes. Como não se pode (não há como) inspecionar todos os passageiros, os agentes são forçados a escolher quais serão fiscalizados e quais não o serão. Nesse contexto, o algoritmo confere maior direcionamento nessas abordagens, que de outro modo ocorreriam de maneira aleatória, ao sabor dos humores do fiscal de plantão. A ideia é inspecionar apenas aqueles passageiros com maior probabilidade de estarem a trazer produtos adquiridos no exterior, em quantidade ou valor superior ao permitido, sem o pagamento do correspondente imposto de importação.

Ilustração de Lara Ramos de Brito Machado

Quais, contudo, os critérios usados por tal algoritmo para sugerir quem deve ser fiscalizado? Os passageiros são identificados, no aeroporto, por câmeras conectadas a sistema de reconhecimento facial, o qual cruza diversas informações para então decidir se a pessoa deve, ou não, ser inspecionada. Mas que informações são essas, e qual relevância se dá a elas? O número de dias passados no exterior pelo viajante, ou a quantidade e peso da bagagem despachada no voo de ida e no voo de volta? Gastos no cartão de crédito? Dados constantes da declaração de bens e rendimentos? Endereço? Gênero? Idade? Estado civil? Não se sabe ao certo. Poder-se-ia alegar que, se a Receita Federal divulgar todos os dados que leva em conta para fiscalizar viajantes, estes encontrarão caminhos para burlar o sistema (*game the system*[15]). Mas, sem conhecê-los, tampouco se faz possível controlar possíveis vieses em seu uso, para dizer o mínimo. Juarez Freitas e Thomas Bellini Freitas, nessa ordem de ideias, observam que a IA consubstancia, pela primeira vez na História, uma criação humana capaz de aprender sozinha e de praticar não meros fatos jurídicos, mas verdadeiros atos jurídicos, submetendo-se, nessa condição, ao dever de explicabilidade, notadamente quando utilizada pelo Poder Público.[16]

---

15. DIAKOPOULOS, Nicholas. Transparency. Accountability, Transparency, and Algorithms. In: DUBBER, Markus D. PASQUELE, Frank; DAS, Sunit (Ed.). *The Oxford Handbook of ethics of AI*. New York: Oxford University Press, 2020, p. 206.

16. FREITAS, Juarez; FREITAS, Thomas Bellini. *Direito e inteligência artificial*: em defesa do humano. Belo Horizonte: Forum, 2020, p. 101 e ss.

2 • NO CURTO PRAZO   27

Desenho do próprio autor.

Pode-se somar ao argumento da conveniência do sigilo, no que tange aos critérios usados por algoritmos, a impossibilidade técnica mesmo de divulgação prévia desses parâmetros. E a razão pode ser simples: eles não são conhecidos. Em relação a sistemas com capacidade de aprendizagem (*machine learning*), a máquina, com base em suas experiências, constrói seus próprios critérios, que passarão a pautar suas decisões futuras. Nem que o programador queira, em um contexto assim, seria possível dar-lhes transparência de maneira prévia.[17]

Mas esses argumentos, conquanto razoáveis, não são procedentes. O segredo da coisa pública é um oxímoro, de modo que não são suficientes para justificar a falta de transparência algorítmica. Aliás, não se trata propriamente de transparência, mas de inteligibilidade, ou de cognoscibilidade. A transparência não é um fim em si mesmo, ela se presta ao controle da validade jurídica do que o algoritmo faz, ou do que pessoas fazem por intermédio dele.[18] Trata-se de um meio que viabiliza a consecução desse fim, mas para tanto a transparência não basta: é preciso que haja, como dito, inteligibilidade. Os dados precisam ser divulgados com clareza, e não mesclados com uma quantidade imensa de informações outras, dentro das quais terminariam se ocultando como uma agulha em um palheiro.[19] Decisões tomadas por algoritmos, ou assistidas – quase que inteiramente – por eles, precisam ser explicáveis, vale dizer, compreensíveis aos destinatários humanos.[20]

No que tange ao valor do sigilo para evitar que possíveis infratores burlem o sistema, o argumento é procedente apenas na aparência. Em última análise, ele poderia ser usado por qualquer autoridade do Poder Público, inclusive para afastar institutos fundamentais como a irretroatividade das leis, a legalidade e a publicidade dos atos administrativos. Afinal, em todos esses casos os possíveis malfeitores estariam a conhecer as regras do jogo e, com isso, teriam meios para pensar em formas de burlar suas disposições. O planejamento tributário seria um

---

17. FRY, Hannah. *Olá futuro*: como ser humano na era dos algoritmos. Trad. Rita Carvalho e Guerra. Lisboa: Planeta, 2019, p. 26.
18. "Você não pode controlar o que não entende e é por isso que precisa entender o machine learning – como cidadão, profissional e ser humano engajado na busca da felicidade." DOMINGOS, Pedro. O Algoritmo Mestre: Como a busca pelo algoritmo de machine learning definitivo recriará nosso mundo. São Paulo: Novatec, 2017, p. 28. No mesmo sentido: CALO, Ryan; FROOMKIN, A. Michael; KERR, Ian; (Ed.). Robot law. Massachusetts: Edward Elgar, 2016, p. 269.
19. PASQUALE, Franck. The blackbox society. The secret algorithms that control money and information. Cambridge: Harvard University Press. 2015, p. 6. Como observa Fernanda Lage, explicar como os modelos tomam uma decisão "não significa publicar os algoritmos, fato dispensável para os usuários. Um modelo de IA transparente permite que os humanos entendam o que está acontecendo, até porque, quando da responsabilização por erros da máquina, será necessário avaliar o contexto em que o algoritmo operou e entender as implicações dos resultados." (LAGE, Fernanda de Carvalho. *Manual de Inteligência Artificial no Direito Brasileiro*. 2.ed. Salvador: Juspodivm, 2022, p. 63)
20. FREITAS, Juarez; FREITAS, Thomas Bellini. *Direito e inteligência artificial*: em defesa do humano. Belo Horizonte: Forum, 2020, p. 101.

exemplo disso, pois sua premissa é justamente conhecer as regras de tributação para encontrar caminhos de não se submeter a elas, sem violar suas disposições. Mas esse é um preço a pagar, aliás muito baixo, para se ter acesso à contrapartida, que é a contenção do arbítrio propiciada por tais instituições jurídicas. Além disso, tal argumento sequer poderia ser colocado, em se tratando de algoritmos usados não pelo Executivo, em tarefas de fiscalização, mas pelo Judiciário, na triagem de recursos, na condução de execuções fiscais ou na prática de quaisquer outros atos de caráter jurisdicional, devendo os próprios Tribunais que usam tais sistemas incluir em seus *sites* na internet informações explicativas detalhadas a respeito dos critérios e metodologias por eles utilizadas.[21] A publicidade algorítmica, portanto, é essencial, e inafastável, notadamente quando eles são utilizados por autoridades do Poder Público para pautar, auxiliar, balizar ou instrumentalizar suas decisões a respeito da liberdade e da propriedade dos cidadãos, garantindo-se tratamento igualitário e respeito ao devido processo legal.[22]

Quanto às hipóteses nas quais os critérios usados pelos algoritmos – para lançar, para fiscalizar, para autuar, para conceder benefícios etc. – não forem passíveis de conhecimento prévio, por serem produto de escolhas feitas pela própria máquina, diante de suas experiências (*machine learning*), e não por seus programadores, isso faz com que naturalmente os critérios não possam ser previamente divulgados, mas não impede que sejam revelados *a posteriori*. O sistema pode, e deve, ter um registro, um *log*, no qual constam os parâmetros que utilizou para chegar a esta ou àquela conclusão, a fim de viabilizar o controle de sua validade jurídica.[23] Trata-se de algo análogo ao que ocorre com julgadores humanos: não se conhecem os processos neuronais que se desenvolvem no cérebro da pessoa encarregada de tomar decisões, mas isso não impede que se exija dessa pessoa que apresente *fundamentos*, hauridos da ordem jurídica vigente, para a decisão que tomou. O que não se admite, como fundamentação, é que se diga apenas que "foi o sistema" que assim determinou, nada mais podendo ser questionado a respeito.

Em outro exemplo, imagine-se que o sistema de saúde pública de determinado país decide usar da Inteligência Artificial para avaliar imagens de exames feitos por pacientes, para decidir quais estariam em situação mais grave e poderiam ter tratamento prioritário. Suponha-se que, de milhares de pessoas que fazem um exame de fundo de olho, apenas algumas precisam de tratamento para prevenir doenças que levariam à cegueira. Um sistema de IA poderia examinar todas es-

---

21. WOLKART, Erik Navarro. *Inteligência artificial e sistemas de justiça*. São Paulo: Ed. RT, 2022, p. 239.
22. LIETZ, Bruna. *O uso da inteligência artificial e a fiscalização dos contribuintes na perspectiva dos direitos e deveres da relação tributária*. Rio de Janeiro: Lumen Juris, 2021, p. 118.
23. FRY, Hannah. *Olá futuro*: como ser humano na era dos algoritmos. Trad. Rita Carvalho e Guerra. Lisboa: Planeta, 2019, p. 244.

sas imagens, e decidir quais pessoas poderiam passar na frente das demais, por estarem em situação de maior urgência, sob pena de ficarem cegas. A gravidade definiria a prioridade no atendimento, sem a necessidade de um médico humano examiná-las todas para fazer a triagem, o que seria impossível. Se tal algoritmo for opaco, e não apresentar a motivação de suas escolhas, ter-se-á uma caixa preta com o poder de decidir sobre a saúde e mesmo sobre a vida das pessoas. As vantagens de um sistema assim, porém, recomendam que seja utilizado. Daí a importância da transparência e da motivação: o sistema pode gerar um arquivo indicativo dos motivos – com registro das imagens e do que se interpretou delas – pelos quais alguém foi considerado paciente prioritário, em detrimento de outros pacientes.[24] E, periodicamente, uma comissão de seres humanos pode auditar e conferir tais fundamentos, a fim de aferir a higidez das decisões neles calcadas.

Vale lembrar, nesse particular, o que determina o art. 23 da Lei Geral de Proteção de Dados – LGPD (Lei 13.709/2018), que dispõe:

> Art. 23. O tratamento de dados pessoais pelas pessoas jurídicas de direito público referidas no parágrafo único do art. 1º da Lei 12.527, de 18 de novembro de 2011 (Lei de Acesso à Informação), deverá ser realizado para o atendimento de sua finalidade pública, na persecução do interesse público, com o objetivo de executar as competências legais ou cumprir as atribuições legais do serviço público, desde que:
>
> I – sejam informadas as hipóteses em que, no exercício de suas competências, realizam o tratamento de dados pessoais, fornecendo informações claras e atualizadas sobre a previsão legal, a finalidade, os procedimentos e as práticas utilizadas para a execução dessas atividades, em veículos de fácil acesso, preferencialmente em seus sítios eletrônicos;

O mais relevante, porém, é lembrar das motivações pelas quais os ordenamentos jurídicos modernos costumam consagrar a proteção ao devido processo legal e aos seus desdobramentos. Trata-se da necessidade de controlar, coibir e corrigir erros (intencionais ou não) praticados pelos que elaboram e aplicam normas jurídicas, contendo o seu arbítrio. Diante de um novo cenário, em que atuam robôs e algoritmos, sujeitos a erros, falhas e abusos eventualmente diversos, ou que se manifestam diversamente, o devido processo legal pode exigir desdobramentos também diferentes. É o caso da criação de comitês, comissões ou corpos de especialistas, formados por membros indicados pela sociedade civil e pelo governo, especialistas em áreas diversas (Direito, Ciência da Computação, Filosofia), com o propósito de *testar* algoritmos a serem usados pelo Poder Público, antes e ao longo de sua utilização em situações reais. Tais especialistas teriam a tarefa de testar a aplicação do sistema, submetendo-o a situações extre-

---

24. É o que narra Hannah Fry, no episódio de podcast da série "deepmind" intitulado "Out of the Lab", de 27 de agosto de 2019. Disponível em: https://deepmind.com/blog/article/podcast-episode-5-out-o-f-the-lab. Acesso em: 16 jun. 2020.

mas, limítrofes ou inesperadas, a fim de verificar sua reação e, assim, permitir a correção de erros.[25] Tal como aqueles que testam versões "beta" de programas ou sistemas operacionais novos, só que de maneira institucionalizada.[26] Tais testes seriam feitos de maneira mais intensa antes de o sistema começar a ser utilizado em situações reais, mas continuariam mesmo depois disso, em um monitoramento constante de possíveis falhas ou distorções.

Tal como se deu com as instituições que ao longo de séculos foram idealizadas e aprimoradas para conter o arbítrio humano, apenas o tempo, e os problemas que ao longo dele forem surgindo, permitirão encontrar as melhores soluções no âmbito de um "devido processo legal tecnológico". O importante, porém, é ter em conta que o uso de algoritmos para instrumentalizar ou auxiliar o exercício do poder não está imune a problemas e excessos, não sendo as instituições jurídicas atuais necessariamente adequadas ou suficientes para os controlar.[27]

De modo mais imediato, no caso do uso da IA pelos Tribunais, é importante que, embora com ela se possam julgar em massa centenas de processos semelhantes, se tenha abertura institucional, e no espírito dos julgadores humanos, para receber recursos nos quais as partes procurem apontar erros incorridos nessa massificação.

2.3 FINALIDADE DO DIREITO E IA

Outro aspecto que o uso da Inteligência Artificial suscita, principalmente quando essa utilização se dá no âmbito do Poder Público, diz respeito à própria finalidade do Direito. Daí por que, uma vez mais, o avanço da ciência e a difusão no emprego da tecnologia torna mais, e não menos, relevante o estudo e a compreensão de questões filosóficas. Quando se trata de programar máquinas para que desempenhem tarefas, emerge a questão de saber quais fins devem ser por elas perseguidos ou buscados.

Parece claro, nesse contexto, que os fins são aqueles indicados pela ordem jurídica. Os que estão expressos nos princípios positivados no texto constitucional, e os que subjazem às regras constantes da Constituição e das leis em geral. São esses os fins que, de forma ponderada, devem ser almejados.

No que tange às autoridades policiais e acusatórias, portanto, a finalidade de um sistema informatizado não deve ser punir, mas aplicar a lei penal, tanto

---

25. FRY, Hannah. *Olá futuro*: como ser humano na era dos algoritmos. Trad. Rita Carvalho e Guerra. Lisboa: Planeta, 2019, p. 197.

26. CITRON, Danielle Keats. *Technological due process*. Washington University Law Review, v. 85, p. 1249.

27. CITRON, Danielle Keats. *Technological due process*. Washington University Law Review, v. 85, p. 1242.

fazendo se daí decorrerá a aplicação de uma pena, ou a liberação do suspeito ou a absolvição do acusado. Isso é bastante óbvio, mas não parece sê-lo tanto assim quando se pensa na autoridade da Administração Tributária. Afinal, estas ainda agem como se a finalidade a ser buscada em sua atividade fosse a arrecadação, não propriamente aplicar o que dispõe a Lei. A finalidade da Administração Tributária não é arrecadar *apesar da lei*, mas, antes de tudo, arrecadar (mas também restituir, isentar, anistiar, esclarecer, orientar, parcelar etc.) nos termos da lei.

Dessa discussão decorre a conclusão, por exemplo, de que os sistemas informatizados a serem utilizados por autoridades da Administração Tributária não devem ser programados para apenas buscar arrecadar mais. Diante vários possíveis erros praticados pelos contribuintes, não devem alertar as autoridades tributárias apenas para que confiram aqueles nos quais pode estar havendo perda de arrecadação. Devem dar igual atenção àqueles erros que ensejem uma arrecadação indevida. Nada justifica, em suma, que um sistema informatizado aponte erros que levam ao pagamento a menor de tributos, já sugerindo o lançamento de diferenças e seus acréscimos, e nada faça, permanecendo completamente silente, quando da verificação de erros em função dos quais o contribuinte tenha pago quantias superiores às devidas. É impositivo, nesse caso, tanto como no de arrecadação a menor, que o erro seja apontado e corrigido. O sistema informatizado da Fazenda Pública, nesse contexto, da mesma forma como deve lançar, ou amparar a autoridade para que lance, o tributo devido e não pago, deve igualmente de ofício restituir, ou apontar à autoridade a necessidade de restituir o tributo pago de maneira indevida.[28]

Na mesma ordem de ideias, os referidos sistemas não devem, apenas, tornar mais fácil e cômodo o trabalho de autoridades da Administração Tributária, no que tange à sua utilização pela Fazenda Pública. Se forem programados apenas para atender o que se poderia considerar serem os interesses de tais autoridades, e do órgão a que servem, os algoritmos procurarão apenas arrecadar mais, com o menor ônus ou o menor trabalho possível para as tais autoridades. Mas não é essa a função ou a finalidade do Direito, que o sistema informatizado está a aplicar. Ou pelo menos não é *apenas* essa. Além de viabilizar arrecadação nos termos da lei, da maneira mais cômoda e eficiente possível às autoridades, o Direito Tributário, e o labor das autoridades que a aplicam, deve prestar-se também ao estabelecimento de limites prévios à tributação, os quais, se ultrapassados, devem ensejar a invalidação das exigências e a devolução do que em face delas houver sido pago. E mais: deve-se buscar também prestigiar a segurança e a boa-fé dos contribuintes. Assim, por exemplo, tendo o Fisco acesso às informações necessá-

---

28. PASETTI, Marcelo. *Inteligência artificial aplicada ao Direito Tributário*. Rio de Janeiro: Lumens Juris, 2019, p. 172.

rias à efetivação do lançamento, deverá utilizá-las não só para exigir tributos do cidadão, mas para realizar atos em benefício deste. Seria o caso, v.g., de reconhecer ao contribuinte uma isenção, sem exigir a comprovação dos requisitos a tanto necessários, quando o Fisco já souber, por outros meios, terem sido preenchidos. Ou, então, de restabelecer, como regra, a realização de lançamentos de ofício – em substituição ao lançamento por homologação.

No tocante ao lançamento por homologação, tem-se forma de apuração e de liquidação de obrigações tributárias, prevista no art. 150 do Código Tributário Nacional (CTN – Lei 5.172/66), na qual o próprio sujeito passivo da obrigação realiza todo o trabalho de determinação do montante do tributo devido, submetendo o resultado de sua apuração ao crivo da autoridade, que poderá homologá-lo ou não. Caso apure diferenças devidas e não lançadas, a autoridade efetua lançamento de ofício, exigindo-as, acrescidas de juros e penalidades. Assim, se o contribuinte comete erros, será punido. E se tais erros forem para maior, levando a um recolhimento superior ao devido, o contribuinte terá dificuldades em obter a restituição, pois terá de "provar" que suas próprias apurações estão erradas, sendo certo que o Fisco, até o momento, pouco esforço faz para atender esse tipo de pedido, como explicado anteriormente no que tange à necessidade de o sistema restituir de ofício tributos pagos indevidamente. Como o Fisco, com o uso de sistemas informatizados, tem acesso a todos os dados e informações do sujeito passivo, e pode processá-las com rapidez e eficiência, de maneira automática, será o caso de utilizar tais informações não para conferir o trabalho do contribuinte e multá-lo por eventuais equívocos, mas fazer desde logo, o próprio Fisco, esse trabalho, assumindo a responsabilidade por erros havidos na apuração. Caberá então ao cidadão, depois, querendo, questionar o resultado dessa apuração, ou aceitá-lo.

Tais exemplos mostram que o uso dos algoritmos jamais será neutro. Eles perseguirão finalidades, as quais, em um curto prazo pelo menos, não serão escolhidas por eles, mas por quem os projeta, idealiza ou encomenda. É preciso, assim, notadamente quando utilizados tais sistemas pelo Poder Público, que referidas finalidades sejam publicamente debatidas, a fim de que se afira se estão em conformidade com os valores, objetivos e propósitos que a ordem jurídica determina sejam perseguidos. Isso remete, inclusive, ao que se concluiu ao final do item anterior, no que tange à necessidade de os algoritmos, principalmente os usados pelo Poder Público, sejam auditados por um corpo multidisciplinar de especialistas – com a presença obrigatória de juristas, filósofos e cientistas da computação, sem prejuízo da participação de pessoas versadas em outras áreas – a fim de que se verifique a correção também dos objetivos por eles almejados.

2.4 JULGAMENTOS FEITOS POR ALGORITMOS: COMO IDENTIFICAR OS CASOS FÁCEIS?

Quando se questiona a respeito da utilização da IA para a realização de julgamentos, e de todos os problemas que daí poderiam decorrer, costuma-se dizer que os algoritmos apreciariam, em um primeiro momento, apenas casos repetitivos. Não caberia à máquina, propriamente, julgar, mas apenas identificar a similitude entre o caso submetido a julgamento, e outros previamente equacionados pelo órgão julgador, a fim de identificar precedentes aplicáveis. E, mesmo nesse caso, caberia ao julgador humano a palavra final, atuando o algoritmo como um assessor que minuta o voto ou a decisão, a serem ainda revisados antes da assinatura por parte da autoridade competente para emiti-los.

A questão é que não é simples identificar casos fáceis. Ou, pelo menos, não é tão fácil quanto parece, quando se trata de ensinar máquinas a fazê-lo. Atualmente, inclusive, a similitude entre os casos é aferida a partir das palavras usadas nas peças correspondentes,[29] o que é evidentemente falho, pois um recurso que refira "o direito do cidadão de receber a restituição de um tributo" seria tida como algo diferente de outro que pleiteie "a pretensão do contribuinte à repetição do imposto", porquanto diversas as palavras, embora de semelhante ou análogo conteúdo.

Há muitas coisas fáceis para humanos, e difíceis para máquinas, e a identificação da similitude entre situações diferentes, de sorte a atrair a aplicação de um mesmo julgamento, talvez seja uma delas. Exatamente porque tais tarefas são fáceis para humanos, estes não percebem as dificuldades que máquinas podem enfrentar diante delas.

Easy things are harder, ou "as coisas fáceis são mais difíceis", é uma afirmação comumente ouvida entre os que se ocupam da Inteligência Artificial, que designa justamente isso: tarefas difíceis para os humanos, como jogar e vencer uma partida de xadrez, são fáceis para as máquinas, não se podendo dizer o mesmo de atividades que nos parecem banais, como interpretar um texto, conduzir um veículo ou reconhecer algumas imagens. É interessante entender o motivo.

Quanto ao xadrez, por exemplo, é fácil para um computador jogá-lo porque as regras aplicáveis ao xadrez não comportam ponderação, ou seja, não há hipóteses não previstas pelos que idealizaram as regras do xadrez diante das quais elas devam ser excepcionadas ou relativizadas, ou em função das quais seu significado possa ser colocado em dúvida. Trata-se de um sistema fechado, que não sofre influências do meio exterior. Informações externas ao sistema representado pelo jogo e por suas regras não interferem nele. Salvo, é claro, a movimentação

---

29. WOLKART, Erik Navarro. *Inteligência artificial e sistemas de justiça*. São Paulo: Ed. RT, 2022, p. 237.

das peças pelos jogadores, mas as regras que pautam esses movimentos não se modificam por fatores externos.

Na mesma ordem de ideias, pode-se dizer que, no xadrez, o futuro pode ser inteiramente determinado, sendo possível prever todas as possibilidades, ou desdobramentos futuros, de cada lance. Daí por que, com elevado poder de processamento e de cálculo, a máquina, prevendo todas as consequências possíveis de cada movimento, escolhe as melhores jogadas.

Não é esse o caso do mundo fenomênico, como ilustram, por exemplo, as regras de trânsito. Uma regra segundo a qual não se deve subir com o carro sobre uma calçada pode ser excepcionada caso essa seja a única maneira de dar passagem a uma ambulância que aparece atrás do veículo de cuja condução se cogita, mas essa alternativa deve por outro lado ser afastada caso se trate da calçada de uma escola, no período em que crianças pequenas saem da aula e andam ou brincam no referido espaço. Essas hipóteses foram as que ocorreram agora, a quem escreve estas linhas, mas, com alguma criatividade, a leitora certamente pensou em várias outras, e a realidade, em suas infinitas possibilidades, ainda seria capaz de surpreender com situações jamais passíveis de previsão. Trata-se de um sistema aberto, sujeito às particularidades do contexto específico em que tais regras devem ser aplicadas, contexto este complexo e rico em particularidades impossíveis de serem todas antecipadas por quem realiza a programação de uma máquina.

Essa dificuldade, aliás, se coloca, pelas mesmas razões, até mesmo na aplicação das regras que tacitamente orientam e disciplinam o uso da linguagem. Por isso, o título deste item, "julgamentos feitos por máquinas...", reporta-se não apenas à tomada de decisões no campo do Direito, com a verificação da ocorrência de fatos previstos em normas, e aplicação destas sobre eles. Há dificuldades, e particularidades, comuns a qualquer julgamento, no mais amplo sentido que essa palavra possa ter, desde aquele referente à aplicação de uma sanção penal, ao relacionado à significação de determinada palavra em uma dada frase.

Observe-se a seguinte frase (F1):

"– Despeje o conteúdo da garrafa de vinho nesta taça até ela ficar cheia."

E, agora, esta outra (F2):

"– Despeje o conteúdo da garrafa de vinho nesta taça até ela ficar vazia."

Decidir qual significado deve ser atribuído ao pronome "ela", nas frases F1 e F2, é fácil para seres humanos. Desde que estejam prestando atenção, acertam em 100% das vezes[30] que "ela", em F1, designa a taça. Se o líquido será transferido da garrafa à taça, será esta última que terá seu conteúdo acrescentado, ação que se deve levar a efeito até que a taça fique cheia. No caso de F2, a ação de despejar o vinho na taça implica esvaziar a garrafa, devendo ser levada a efeito até que ela, a garrafa, fique completamente seca. Mas isso, que nos é intuitivo, só é objeto de acerto, por máquinas, em 60% das vezes, sendo de se acrescentar que a correção da resposta, pouco superior à chance de um palpite ao acaso (50%), é fruto da associação de palavras, pela quantidade de vezes em que aparecem juntas (taça, encher; garrafa, secar), e não pelo conhecimento do senso comum de que a ação em referência leva ao esvaziamento da garrafa e ao preenchimento da taça.

Os exemplos são vários, e ilustram que, na decisão sobre qual sentido atribuir a uma palavra, conhecimentos hauridos do senso comum interferem, de modo imperceptível, para tornar a tarefa mais simples.[31] No caso da interpretação do significado das palavras, é preciso não apenas conhecê-los a partir de usos anteriores, mas saber como as parcelas da realidade designadas por tais palavras se relacionam com o mundo.

No que diz respeito especificamente às palavras, e ao uso da linguagem natural de uma forma geral, depois do lançamento da primeira edição deste livro popularizaram-se os chamados "LLMs", ou *Large language models*, como o "Chat-GPT", treinados com uma colossal quantidade de dados, e compostos por redes neurais de aprendizado de máquina profundo capazes de resultados surpreen-dentes. O problema de identificar o significado de pronomes em frases dotadas de alguma ambigui-dade, que exige conhecimentos de realidades para além do mero significado de cada palavra, começa a ser mais facilmente resolvido por sistemas de IA, como "Chat-GPT" em sua versão 4.0. Veja-se[32]:

---

30. MITCHELL, Melanie. *Artificial Intelligence*: A Guide for Thinking Humans. Farrar, Straus and Giroux, 2019, *ebook*.

31. Máquinas não têm senso comum. "Put another way, AI systems lack the enormous amount of experience and interactions with the world that constitute the knowledge that is typically called common sense. Not having this large body of experience makes even the most mundane task difficult for a robot to achieve." BARTNECK, Christoph; LÜTGE, Christoph; WAGNER, Alan; WELSH, Sean. An Introduction to Ethics *in Robotics and AI*. Switzerland: Springer, 2021, p. 14.

32. https://chat.openai.com/share/d7e14c6f-24f9-4102-8c50-8b1d45ba371b

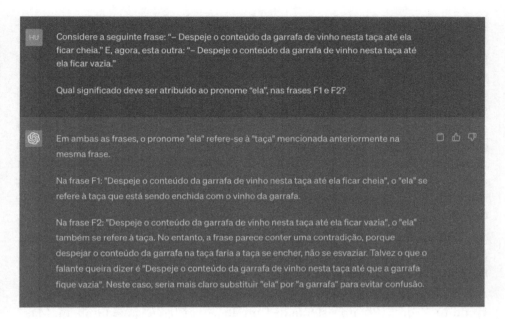

O Chat-GPT não identifica o significado correto para o pronome. Ele atribui o significado errado, mas percebe a contradição daí decorrente e sugere uma melhoria no texto. Não há dúvida, contudo, de que já se está diante de um enorme avanço.

A relevância de conhecimentos contextuais não vale apenas para a decisão sobre qual sentido atribuir a uma palavra. No que tange às normas jurídicas, além de elas serem geralmente veiculadas por meio de textos, que empregam palavras, suscitando as dificuldades mencionadas nos parágrafos anteriores, há a interferência de fatores contextuais na própria compreensão do sentido, do alcance e da aplicabilidade da norma. Quais fatores contextuais serão relevantes, e quais não o serão, e qual peso devem ter, são questões que dependem por igual de conhecimentos e noções hauridas do senso comum. Daí a dificuldade, para as máquinas.

Adicione-se a isso a circunstância de que, partindo de experiências passadas, ou de dados colhidos a partir de parcela específica da realidade, no passado, máquinas estão a realizar inferências *indutivas* a respeito do futuro, com todas as falhas e insuficiências daí decorrentes, como há muito se debate no plano da Epistemologia. Voltar-se-á a este ponto mais à frente (item 3.1).

No que tange especificamente à aplicação do direito, os chamados "casos fáceis" seriam aqueles muito semelhantes ao "caso típico", idealizado pelo legislador quando da elaboração da norma. Fáceis, portanto, porque ausentes razões que pudessem problematizar ou por em dúvida a aplicação da regra, resumindo-se a decisão a exigir que se respeitem os efeitos ou as consequências normativamente previstas. Se a norma tem como hipótese de incidência "trafegar em velocidade superior a 60 km/h", e estabelece como consequência dessa conduta a "aplicação de penalidade pecuniária de R$ X", um sujeito que acelera um pouco mais em seu veículo esportivo, em uma manhã de domingo, e não percebe o radar eletrônico na margem da avenida, enquadrar-se-ia em um "caso fácil": foi tendo em mente casos assim que se fez a norma em questão. Por outro lado, se o sujeito passou na mesma via, com o mesmo veículo, com 40 km/h, não há infração. É fácil afirmar quando há, e quando não há, nessas duas situações, pois a primeira é bastante semelhante, e a segunda, bastante diferente, da conduta associada à aplicação da penalidade.

Há fatores, não previstos no texto normativo, que podem se fazer presentes. Mas serão eles relevantes para suscitar dúvidas quanto à aplicação da referida norma, tornando os casos, até então "fáceis", mais difíceis?

Estar o condutor com camisa xadrez, ou lisa, é relevante? Não. Estar ouvindo rock, ou MPB, no sistema de som do carro? Irrelevante também. Mas e se no banco do passageiro estiver sentada outra pessoa, desfalecendo por falta de ar decorrente de complicações causadas pela COVID19, e o condutor estiver à toda velocidade dirigindo-se ao pronto socorro mais próximo, será esse um fator a ser levado em conta? Deverá ser aplicada a regra que impõe a aplicação de penalidade, por estar o motorista conduzindo a velocidade superior a 60 km/h?

Para um humano, parece óbvio que a cor da camisa do motorista, embora não prevista na norma de trânsito, é irrelevante para atrair ou para afastar a sua aplicação. O mesmo pode ser dito da música ouvida durante a viagem. Mas a urgência da condução de um doente ao pronto socorro pode, talvez, ser motivo para o afastamento da regra, desde que devidamente comprovados os referidos fatos. Para o humano, isso é tão facilmente identificável quanto o é saber a que o pronome "ela" se refere, nos exemplos de alguns parágrafos atrás. Para a máquina, não.

Em se tratando de algoritmos destinados a identificar precedentes aplicáveis a casos novos que chegam a um Tribunal, deve-se ter em mente não só sua falibilidade, mas sua – pelo menos por enquanto – grande incapacidade em identificar situações nas quais se devam estabelecer distinções (*distinguishing*), e, principalmente, contextos nos quais o entendimento previamente exarado pela Corte deva ser superado (*overruling*).

Para realizar uma distinção, o julgador – humano ou não – deve identificar a presença de um elemento, não indicado explicitamente nas hipóteses previamente definidas de aplicação e de exceção à regra (ou ao precedente que a explicita ou aplica), capaz de excepcioná-la, sem, contudo, afastá-la em definitivo. O entendimento excepcionado continua aplicável à generalidade das hipóteses. Essa identificação é muito difícil para um algoritmo que parte de situações padrão e é programado para identificar aquelas que com ela se parecem, a partir da presença de certos elementos. Tal como no exemplo do condutor, citado parágrafos acima, a máquina é incapaz de identificar quais elementos não previstos são relevantes (a cor da camisa do condutor), e quais podem ser relevantes (a urgência de se chegar a um hospital para se salvar uma vida).

Ainda mais difícil é a situação de superação. Para levá-la a efeito, modificando por completo o critério de julgamento adotado por um Tribunal, é preciso partir de dados, ou *inputs,* evidentemente diversos dos próprios precedentes de cuja superação se cogita. Partindo apenas deles para julgar casos novos, é evidente que estes, os casos novos, serão julgados sempre e exatamente da mesma maneira.[33] A superação, ou o *overrulling,* será impossível.

Poder-se-ia argumentar, em oposição, com o fato de que os julgamentos, mesmo quando realizados por algoritmos, são de responsabilidade de seres humanos, que os assinam ou subscrevem. O sistema de inteligência artificial apenas produz uma minuta de julgamento, não tendo personalidade jurídica, não tendo sido aprovado em concurso, ou sido nomeado membro do Tribunal. Não é sujeito de direitos e obrigações, dotado de deveres e prerrogativas. Consiste apenas em uma ferramenta, tal como uma máquina de escrever ou um repertório de jurisprudência, ou um carimbo, ou um arquivo com modelos a serem copiados e colados, tudo sob a supervisão e a responsabilidade de quem efetivamente estaria julgando. O argumento, porém, é de procedência apenas aparente.

Em se tratando de uma máquina de escrever, ou de um carimbo, o grau de interferência da ferramenta nas escolhas sobre o conteúdo da decisão é nenhum, ou mínimo. A máquina de escrever não interfere mais do que uma caneta tinteiro, ou bico de pena, no conteúdo da decisão que o Ministro pretende pôr no papel. Mas, com o progresso ou o avanço da tecnologia, as ferramentas se vão tornando cada vez mais influentes, ou determinantes, do conteúdo do julgamento. Computadores passam a apontar possíveis erros ortográficos, bem como a armazenar textos que podem ser editados e aproveitados em outras situações, mas ainda com controle indiscutível do julgador humano.

---

33. "But all machine learning is a time-slice of the past; when the future is open-ended and changes are desired, systems must be retrained. LASRON, Erik J *The myth of artificial intelligence*: Why computers can't think the way we do. Cambridge, Massachusetts – London, England: The Belknap Press of Harvard University Press, 2021, p. 140.

Diversamente, quando se usam algoritmos para elaborar decisões, já é o próprio conteúdo do julgado que é determinado pela máquina. Pode-se dizer que o julgador é responsável por ele, ainda assim, pois supervisiona e assina ao final, responsabilizando-se pelo seu teor, tal como acontece quando um assessor humano confecciona uma minuta de uma decisão, partindo dos precedentes do Tribunal, para que o Ministro, seu chefe, a assine. Entretanto, com a sofisticação da tecnologia chegando ao ponto de o algoritmo elaborar minutas, a questão que se coloca é que, diversamente do assessor humano, o assessor artificial será capaz de minutar, no mesmo espaço de tempo, uma quantidade astronomicamente maior de decisões. Em vez de preparar dez votos, para o Ministro ler, supostamente revisar, e assinar, o algoritmo poderá preparar quinhentos, ou mil votos, acórdãos e decisões monocráticas. E essa seria a principal vantagem de utilizá-lo, em substituição a assessores humanos.

Ocorre que essa vantagem, que dá sentido ao uso de algoritmos, é exatamente a característica que inviabiliza a revisão prévia e criteriosa de seu trabalho por humanos. Se o Ministro tiver de ler as quinhentas minutas de voto, contrastando-as com as demais peças do processo em que serão encartadas, antes de assiná-las, perderá o sentido o uso de um algoritmo capaz de prepará-las em apenas alguns segundos. Não é razoável, portanto, pressupor que o uso de sistemas capazes de julgar quantidades colossais de processos em poucos segundos seja acompanhado de uma criteriosa revisão dos conteúdos, previamente à colocação da assinatura do julgador humano em cada um deles. Na prática, portanto, o julgamento será, sim, feito apenas pela máquina. Mesmo quando a máquina apenas auxilia o julgador, fazendo a triagem de processos pelo tema, previamente à análise e à decisão - a serem feitas ainda por seres humanos -, o risco subsiste, pois para se examinar se o tema é aquele mesmo, antes de aplicar o modelo de decisão já pronto, será preciso dispender tempo examinando o processo.

Não se conclua, porém, que a solução é abolir o uso de máquinas. Como se houvesse uma falsa dicotomia entre usá-las acriticamente, ou abandoná-las. Elas estão se tornando mais hábeis na compreensão de textos, e a identificação de dificuldades, antes de motivar desistências, deve servir de estímulo para saber onde se deve investir, o que se deve aprimorar. E, especialmente, onde revisores humanos devem aplicar com maior intensidade suas desconfianças, à procura de possíveis erros. É preciso que haja instâncias humanas destinadas a revisar possíveis erros incorridos em julgamentos feitos por máquinas,[34] e essas instân-

---

34. No Direito Brasileiro, essa imposição decorrente do devido processo legal se acha explicitada e reiterada no artigo 20 da Lei Geral de Proteção de Dados – LGPD (Lei 13.709/2018), que dispõe: "O titular dos dados tem direito a solicitar a revisão de decisões tomadas unicamente com base em tratamento automatizado de dados pessoais que afetem seus interesses, incluídas as decisões destinadas a definir o seu perfil pessoal, profissional, de consumo e de crédito ou os aspectos de sua personalidade."

cias devem estar abertas às apontadas possibilidades de erro, não sendo lícito que incorram no viés da autoridade algorítmica, pressupondo que o algoritmo, por supostamente ter margem de erro menor que a humana, não praticaria erros identificáveis por estes.

Assim, os sistemas artificiais julgam uma grande quantidade de casos semelhantes, auxiliando os humanos nessa identificação, mas possíveis erros praticados por eles, seja no não reconhecimento de situações de *distinguishing* ou *overruling*, seja na pura e simples aplicação equivocada do precedente, devem ser passíveis de exame por instância revisora realmente aberta à possibilidade de identificá-los. Se uma máquina faz juízo de admissibilidade de recursos em Cortes Superiores, os recursos manejados contra suas decisões não podem, também eles, ser apreciados por máquinas. Tampouco por um julgador humano que não esteja disposto a reconhecer falhas nos julgamentos cuja revisão lhe é demandada. Em nome do devido processo legal, não se podem criar embaraços, jurídicos ou psicológicos, ao uso dessa instância revisora, que, espera-se, quanto mais os algoritmos acertarem, menos volume de trabalho terá e, assim, poderá dedicar maior atenção aos possíveis erros que forem levados ao seu crivo.

Registre-se que o Chat-GPT já, em 2023 quando se escrevem estas linhas, é capaz de responder satisfatoriamente algumas situações de derrotabilidade ou distinção (*distinguishing*) de regras. Confiram-se, a propósito, as respostas que, em sua versão 4.0, deu à questão de saber se a regra que proíbe a entrada de cães e gatos em praças de alimentação de shopping centers deveria ser aplicada a um cidadão que pretendesse adentrar em uma delas acompanhado de um tigre:

HU Bom dia. Gostaria de fazer-lhe uma pergunta sobre teoria das normas, aplicada na prática. Envolve hermenêutica e aplicação de regras. O caso é o seguinte. Imagine que em um shopping center, edita-se regra proibindo a entrada de pessoas com cães e gatos na área de alimentação, onde ficam os restaurantes, por questões de higiene. Se uma mulher desejar entrar em um restaurante com seu cachorrinho de colo, não será permitido. Mas e se uma pessoa chegar com um tigre, deverá ser-lhe facultada a entrada?

Olá, bom dia! Você tocou em um ponto muito interessante que envolve a interpretação e aplicação de normas.

De acordo com a teoria das normas, uma norma ou regra deve ser interpretada de acordo com o propósito para o qual foi criada. No caso que você apresentou, a regra do shopping foi criada com o objetivo de manter a higiene na área de alimentação. Portanto, apesar de a regra mencionar explicitamente apenas "cães e gatos", a interpretação razoável seria que a intenção é proibir a entrada de qualquer animal, visto que todos poderiam potencialmente comprometer a higiene do local.

Sobre a hermenêutica jurídica, existem diversas correntes. Uma delas, a Escola Teleológica, defende a interpretação da norma conforme sua finalidade. Assim, mesmo que o texto da norma mencione apenas "cães e gatos", se a finalidade for proteger a higiene, deve-se entender que a entrada de qualquer animal deve ser proibida, inclusive tigres.

Ademais, temos a questão da razoabilidade. Em um contexto real, além das questões de higiene, há também o risco à segurança dos frequentadores do shopping. Assim, seria razoável interpretar que a norma proíbe a entrada de animais de grande porte ou potencialmente perigosos, como é o caso dos tigres.

Por fim, o bom senso deve prevalecer na interpretação e aplicação das regras. Independentemente da formulação exata da regra, o objetivo final deve ser garantir a segurança e a higiene do local. Portanto, se alguém tentasse entrar com um tigre, muito provavelmente, a entrada não seria permitida.

Veja-se que o chatbot percebeu que o tigre, conquanto não seja um cão ou um gato, deve subsumir-se à hipótese de incidência da norma proibitiva. E a conclusão está calcada em finalidades ou objetivos. Ao propósito sanitário, aplicável a qualquer animal, ele ainda foi capaz de acrescentar o argumento calcado no perigo representado pelo tigre.

Em seguida, questionado sobre se a mesma regra seria aplicável a um cego, acompanhado por um cão guia, respondeu:

> E se, em vez de um homem com um tigre, tratar-se de um cego acompanhado de seu cão guia?
>
> A questão que você traz à tona envolve a interseção entre a interpretação de normas e os direitos de pessoas com deficiência.
>
> Em muitos países, as leis garantem o direito de acesso a lugares públicos para pessoas com deficiência acompanhadas de cães-guia, inclusive em áreas onde normalmente não seriam permitidos animais. Essas leis são baseadas em tratados internacionais de direitos humanos, como a Convenção sobre os Direitos das Pessoas com Deficiência da ONU, que exige que os Estados garantam a plena inclusão e participação das pessoas com deficiência na sociedade.
>
> Neste caso, se a regra do shopping proibindo a entrada de cães e gatos na área de alimentação não considerasse exceções para cães-guia, esta seria provavelmente considerada uma violação dos direitos das pessoas com deficiência.
>
> A interpretação e aplicação de regras deve sempre considerar o espírito da lei - ou seja, seu objetivo ou intenção - e deve ser feita de uma maneira que respeite os direitos humanos e as normas internacionais de direitos humanos.
>
> Além disso, as regras do shopping também devem estar em conformidade com as leis nacionais ou locais. Se as leis do país ou estado onde o shopping está localizado garantem o direito de uma pessoa com deficiência visual de acessar áreas públicas com um cão-guia, o shopping seria obrigado a permitir isso, independentemente de suas regras internas.
>
> Portanto, em resumo, se uma pessoa cega chegasse ao shopping com seu cão-guia, seria esperado que o shopping permitisse a entrada, independentemente da regra que proíbe cães e gatos na área de alimentação.

O surpreendente desta resposta é que se procedeu, aqui, a uma superação. Derrotou-se a regra, a priori aplicável a qualquer cão, por conta da situação peculiar, e não prevista na regra, de se tratar de um cão guia de um deficiente visual.

Ainda assim, apesar de surpreendentes respostas, segue-se na questão de que o Chat não possui personalidade jurídica, não realizou concurso, não pode ser responsabilizado, tampouco possui direitos e deveres. Continua, portanto, sendo uma ferramenta, pela qual são responsáveis seus usuários, e seus fabricantes, a depender de como a conduta de cada um deles tiver contribuído para eventual resultado danoso ou prejudicial a terceiros. Voltar-se-á ao assunto em outras partes deste livro.

2.5 O CHAT-GPT E OS *LARGE LANGUAGE MODELS*

Pouco depois do lançamento da primeira edição deste livro, foi lançado ao público e rapidamente se popularizou a plataforma da empresa *Open AI* intitulada *Chat-GPT*, a designar uma plataforma de conversação em linguagem natural (daí o nome "chat") que passou por um pré-treinamento, sendo composta de redes neurais de aprendizado de máquina supervisionado profundo.

"ChatGPT" significa "Generative Pre-training Transformer". "Generative" refere-se à capacidade do modelo de gerar respostas ou conclusões a partir dos dados de entrada, em vez de apenas classificar os dados de entrada em categorias predefinidas. Ele "gera" respostas, que são por ele criadas ou elaboradas, e não copiadas e coladas de outros textos. "Pre-training" refere-se à primeira fase do treinamento do modelo, na qual ele aprende a prever a próxima palavra em uma frase com base nas palavras anteriores, usando uma grande quantidade de texto da internet. "Transformer" é o tipo específico de arquitetura de rede neural que o GPT usa. Os transformadores são projetados para lidar com dados sequenciais, como texto, de uma maneira que leva em consideração tanto a ordem dos dados quanto o seu contexto. Finalmente, "Chat", como dito, sugere a função do modelo: gerar respostas em uma conversação, como faria um humano em um chat.

É preciso perceber, contudo, que o Chat-GPT, como outras plataformas análogas ou concorrentes, não tem consciência (ainda que às vezes pareça ter), limitando-se a gerar respostas baseadas em cálculos probabilísticos. Tendo em conta as palavras usadas no *prompt* (a caixa de diálogo) pelo usuário, e a colossal quantidade de palavras usadas em seu treinamento, praticamente todos os textos disponíveis na internet (incluindo transcrição em texto de mídias como vídeos), o algoritmo calcula qual palavra seria mais provável de suceder outra, e assim vai gerando sua resposta. É a grande quantidade de texto usada no pré-treinamento, e os vários cálculos probabilísticos feitos, que geram respostas que muitas vezes parecem fazer todo o sentido à luz do que foi perguntado.

Para se ter uma ideia da lógica subjacente ao seu funcionamento, pode-se recorrer à metáfora de um corretor automático de teclado de telefone celular. Quando se começa a digitar um texto, no bloco de notas de um iphone, por exemplo, aparecem sugestões de palavras que podem ser clicadas pelo usuário. Experimente, leitora, clicar sempre na palavra do meio, sugerida, sucessivas vezes, para ver o resultado. No meu caso, apareceu o seguinte:

Lógica semelhante subjaz aos sistemas de correio eletrônico (*email*), como o G-Mail, que com o uso de IA sugerem textos para completar o que se está digitando. Ao final de uma mensagem, por exemplo, o sistema automaticamente sugere "Atenciosamente", ou, se se começa a escrever "Com", ele sugere "... os melhores cumprimentos", bastando ao usuário aceitar a sugestão, clicando nela, para que o texto automaticamente seja escrito ou completado automaticamente nos termos sugeridos.

O que subjaz ao Chat-GPT é algo semelhante, conquanto infinitamente mais potente. Em vez de calcular a palavra mais provável, levando em conta apenas a última palavra utilizada (depois de "bom", provavelmente virá "dia"), consideram--se todas as palavras usadas na caixa de *prompt*, todas as que constam da "janela de contexto" (quantidade de informações que o Chat é capaz de "lembrar" de conversas anteriores, que é limitada), e, principalmente, do material usado no treinamento, a colossal quantidade de textos constantes da internet até 2021. Isso faz com que o "autocompletar" que se segue às perguntas que se fazem a ele gere respostas que parecem fazer tanto sentido. Mas não há uma mente consciente, por traz das respostas, com cognição sobre o mundo, sobre o estado mental do usuário, ou sobre o que está sendo gerado.

Os exemplos de "distinção" que ele pareceu capaz de fazer, portanto, e que foram citados no item anterior, talvez decorram do fato de que já existe literatura a respeito disso. Sobre interpretação a partir da finalidade. Sobre derrotabilidade de regras. Sobre cães guias em locais vetados a animais domésticos, e assim por diante.

Exatamente por partir de textos lidos, em face dos quais organiza e reorganiza palavras, o Chat não tem acesso direto à realidade referida por tais textos, tampouco consciência dela. Não é, portanto, um mecanismo de busca, um oráculo ou uma fonte de pesquisa, não devendo ser usado como tal. Se alguém perguntar a ele em que ano acabou a Segunda Guerra Mundial, é muito provável que a resposta seja correta, pois há na internet incontáveis textos apontando a data como sendo 1945, e as palavras "segunda", "guerra", "ano", "acabou", no tal cálculo probabilístico, levarão a uma resposta, calcada nos incontáveis terabytes de textos lidos no pré-treinamento, que aponte o ano de 1945. Questionando-se fatos menos documentados, ou controversos, a possibilidade de respostas alucinadas ou confusas é bastante alta.

O que o Chat-GPT faz bem, portanto, é gerar textos sobre assuntos que o usuário já conhece, a partir de informações fornecidas ao algoritmo na janela de *input*. Se se pede, por exemplo, para ele reescrever um texto que lhe é previamente fornecido pelo usuário, corrigindo seus erros gramaticais, ou tornando o estilo mais próximo ao deste ou daquele escritor famoso, o resultado pode ser surpreendente.

3
NO MÉDIO PRAZO

3.1 EPISTEMOLOGIA E IA: O QUE É CONHECER E O QUE AS MÁQUINAS TÊM A ENSINAR?

A Inteligência Artificial está propiciando, e o fará de maneira crescente no futuro próximo, reflexões importantes também no plano da Epistemologia. A investigação em torno da cognição de máquinas reacende debates filosóficos milenares, serve de laboratório para experimentação empírica em torno deles, e lhes evidencia as repercussões práticas. Precisamente por isso, diz-se que a inteligência artificial, enquanto ramo do conhecimento, é pura epistemologia por outros meios.[1]

Por Epistemologia, convém recordar, designa-se o ramo do conhecimento que se ocupa do conhecimento. Trata-se, portanto, de um metaconhecimento, ou da investigação que tem o próprio saber como objeto de estudo. Usa-se a expressão *Filosofia da Ciência* como sinônimo de Epistemologia, mas a equivalência não é perfeita. Com efeito, no caso de Filosofia da Ciência, o estudo não raro volta-se também para questões históricas, políticas e sociológicas da Ciência enquanto empreendimento humano. A contribuição da IA talvez seja mais evidente especificamente no que tange à compreensão dos processos cognitivos, da forma como se pode apreender a realidade para tomar decisões acerca dela, remetendo à Epistemologia enquanto figura mais próxima da ideia de *Teoria do Conhecimento*.

No texto que talvez seja o primeiro escrito em torno da Epistemologia, que a apresenta enquanto ramo da Filosofia, Platão, usando Sócrates como personagem, observa que o saber deve ser buscado não nas sensações, mas "naquilo – chame-se-lhe como se quiser – em que a alma em si e por si se ocupa das coisas que são." (Teeteto, 187a)[2] A inteligência artificial confirma isso, pois máquinas podem ter os mais diversos sensores, por meio dos quais seus processadores terão acesso a informações relacionadas ao ambiente que as cerca e a elas próprias e ao seu funcionamento,[3] mas o conhecimento, no sentido de "ação de saber",[4] ou de "cognição", não se confunde com elas, sendo antes o que se faz com, ou diante de, tais informações.

Precisamente por isso, conhecimento não se confunde, necessariamente, com consciência. Dando-se à palavra o sentido de *formação de uma imagem da realidade*, seja ela interior ao organismo (estado de seus componentes, tempera-

---

1. ALISEDA, Atocha. *Seeking Explanations*. Abduction in Logic, Philosophy of science and artificial intelligence. Universiteit van Amsterdam, 1997, p. 18.
2. PLATÃO. *Teeteto*. 4. ed. Trad. Adriana Manuela Nogueira e Marcelo Boeri. Lisboa: Fundação Calouste Goulbenkian. 2015, p. 271.
3. O computador pode dispor dos registros a respeito da temperatura externa, do ambiente em que ele se encontra, de sua temperatura interna, de sua capacidade de armazenamento, a luminosidade ou da umidade do ambiente, da presença de algum objeto em movimento, e não *saber* o que fazer com tais dados.
4. Ação de saber, e não de corpo de informações acumuladas.

tura interna, falta de água ou de nutrientes), seja exterior (a temperatura externa, a quantidade de luz, de gases etc.), mesmo organismos não conscientes, e mesmo desprovidos de sistema nervoso, têm conhecimento. Daí dizer-se, nesse sentido mais amplo, que uma bactéria percebe uma ameaça externa e reage a ela. Assim, mesmo sistemas não vivos são capazes de reagir ao meio em que se inserem, diante de informações que obtém a respeito dele. É o caso de um veículo de condução semiautônoma, que para automaticamente caso um pedestre se atravesse em seu caminho. Ou mesmo de veículos menos avançados tecnologicamente, que dispõem de instrumentos para indicar quando seu tanque de combustível está vazio. Em mencionado sentido amplo, o painel "percebe" que o veículo está com baixo nível de combustível (ou de óleo, ou de água no radiador) e avisa ao motorista.

Mas veja-se: assim como a bactéria só é capaz de fazer, com as informações que lhe chegam do meio exterior, o que seu DNA está programado para fazer, o veículo com sensores ligados ao painel só fará, com as informações hauridas do tanque de combustível, ou do radiador, o que seu fabricante programou que fosse feito. No caso da bactéria, a programação é fruto da aleatoriedade, e de um longo e lento processo de tentativa e erro, que leva à eliminação das tentativas malsucedidas (no sentido de que não são propícias ao incremento das chances de sobrevivência e reprodução do organismo correspondente).[5] Em se tratando de máquinas, farão com as informações sobre o meio exterior o que seus programadores ou fabricantes as prepararem para fazer.

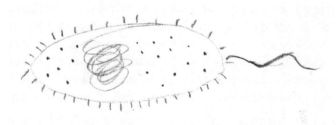

Ilustração de Lara Ramos de Brito Machado

Em se tratando de humanos, contudo, a percepção da realidade, seja ela natural (as condições atmosféricas), cultural (o resultado de uma eleição), ou ideal (a soma dos ângulos de um triângulo), pode assumir dimensões muito mais amplas. Tendo consciência, inclusive de si enquanto sujeito cognoscente, o ser humano pode testar as informações que recebe da realidade ao seu redor, e

---

5. Por isso mesmo Pontes de Miranda aludia ao *instinto* como a capacidade do animal de *fazer certo sem saber*. MIRANDA, Pontes de. *O problema fundamental do conhecimento*. Porto Alegre: O Globo, 1937, p. 19.

também fazer uso da linguagem para falar sobre elas, conduzindo ao que poderia ser um significado mais refinado para a palavra *conhecimento*.

Sistemas de inteligência artificial podem ter reações automáticas a estímulos externos, programadas previamente, tal como uma máquina que é acionada por um termostato, diante de um aumento de temperatura, ou de uma luz que acende pela presença de algo em movimento diante de um sensor. Mas tais reações automáticas não lhes permitem lidar com situações nas quais a informação que recebem da realidade é equivocada, ou a reação atribuída automaticamente a essa informação, por circunstâncias não previstas, se torna inadequada. Algumas noções sobre *o que* se faz, e sobretudo sobre *para que* (fins) se faz, são necessárias a que o sujeito, que conhece, possa avaliar a imagem que faz da realidade e as reações devidas diante ou a partir dela. Ao se programarem máquinas para desempenhar tarefas para as quais elas precisam, de algum modo, assumir posturas ou atribuir consequências diferentes conforme se altere a realidade ao seu redor ("conhecendo-a" de algum modo), portanto, lançam-se luzes sobre a forma como também os seres humanos realizam a cognição, inteirando-se do universo que os circunda.

Aliás, o estudo de como animais, humanos ou não, desenvolvem a capacidade de aprendizado, tem interfaces inegáveis com o estudo do chamado aprendizado de máquina, pois não só o conhecimento, como o aprendizado, são levados a efeito por critérios, regras, caminhos ou métodos que podem ser os mesmos, ou análogos, razão pela qual áreas aparentemente diversas, como a psicologia, a epistemologia e a ciência da computação, têm tantos pontos em comum e aspectos a ensinar e a aprender umas com as outras.

3.1.1   Falibilidade do conhecimento e IA

Geralmente se usa a palavra *conhecimento* no sentido mais elaborado mencionado no item anterior, o qual sofre, vale lembrar, da dubiedade *processo-resultado*. Designa tanto o processo, que é a relação que se estabelece entre o sujeito que conhece e o objeto que é conhecido, como o resultado dessa relação, que é a imagem do referido objeto, construída pelo sujeito.[6]

Mesmo nesse sentido mais refinado, o conhecimento não é propriedade exclusiva dos seres humanos. Um cão conhece, à sua maneira, o mundo ao seu redor. Enterra um osso para recuperá-lo posteriormente, assim como sabe quando seu dono está chegando em casa, pelos ruídos ou odores que se anunciam. Pode enganar-se, por igual, sendo precária e provisória a imagem que faz dessa

---

6. O mesmo se dá com palavras como *prova*, *explicação*, *raciocínio* e *pensamento*, por exemplo.

realidade: corre para a porta ao ouvir o ruído de um carro, imaginando ser seu dono que está estacionando, e depois percebe que é de fato o carro dele, mas outra pessoa o está conduzindo.

Os seres humanos, contudo, por serem dotados da capacidade de ver uns aos outros como semelhantes, dotados de *mentes* como a sua, atribuindo intenções, desejos, sentimentos e aspirações aos seus semelhantes a partir dos contextos e dos sinais que emitem, desenvolveram ferramenta capaz de potencializar enormemente suas capacidades cooperativas: a construção de realidades institucionais, e, com elas, por meio delas, o uso da linguagem.

Realidades institucionais são aquelas que somente existem porque pactuada a sua exigência por seres pensantes, os quais criam regras destinadas a constituí-las.[7] É o caso de um jogo, do dinheiro, e de um ordenamento jurídico, apenas para citar alguns exemplos.

A linguagem permite ao ser humano falar sobre ideias e, com isso, aplicar a elas o mesmo processo de tentativa e erro que a natureza, por meio da seleção natural, aplica aos seres vivos, enquanto corporificações de soluções para problemas que se colocam à sobrevivência e à reprodução.

Não é o caso de aprofundar, aqui, considerações em torno da Epistemologia Evolutiva Falibilista,[8] bastando lembrar que, para ela:

(i) o conhecimento surge a partir de problemas, ou questões, que demandam soluções;

(ii) formulam-se hipóteses, ou tentativas de soluções, as quais em seguida são submetidas a testes, a fim de se verificar se sobrevivem a eles, ou seja, se resolvem o problema, ou se não há forma, solução ou medida mais adequada para tanto.

O processo acima descrito opera-se na natureza, sendo os seres vivos, bem como os órgãos e estruturas de que são compostos, tentativas de solução para o problema que é sobreviver e reproduzir-se. As informações sobre a melhor forma de resolver tal problema são acumuladas no DNA dos seres vivos, o qual configura a primeira, até onde se sabe, fonte de registro e armazenagem de dados na natureza (como devem ser os olhos, a cor da pele, a composição de certos tecidos etc., tudo está gravado nele). E a adaptação ao meio faz com que sejam selecionados os indivíduos dotados das melhores soluções, das quais são também fruto.[9]

---

7. SEARLE, John R. *The construction of social reality*. Nova Iorque: Simon & Schuster, 1995, p. 46
8. POPPER, Karl. *A lógica das ciências sociais*. 3. ed. Trad. Estevão de Rezende Martins. Rio de Janeiro: Tempo Brasileiro, 2004, p. 39.
9. Por conta disso, Pontes de Miranda observa que o instinto "já nos aparece *feito*, fixado, rígido. Ligado a interesses graves da espécie, nunca é fútil, – sempre é útil, preciso, por bem dizer sonambúlico, quanto ao seu objetivo. O 'animal' a que serve o adquiriu, mas o animal tal qual o conhecemos sobrevive graças

Veja-se o desafio que é desenvolver, em máquinas, estruturas que nos surgiram, há milhões de anos, desde antepassados remotos, pelo fato de sermos seres vivos. O mesmo se coloca no que tange aos sentimentos morais, conforme será explicado adiante.

De qualquer sorte, o surgimento da linguagem, e da possibilidade de falar sobre ideias, permitiu fazer com que elas, as ideias, se dissociem da estrutura biológica daquele que as teve. Passam a fazer parte do que Popper convencionou chamar de "mundo 3",[10] assim entendido aquele formado do produto dos pensamentos, visto intersubjetivamente. Uma teoria, por exemplo, publicada, ou divulgada em um vídeo, ou em uma palestra, pode ser debatida, e ter seus erros discutidos, ou revelados, sendo eventualmente substituída por soluções – ou teorias – que melhor resolvem ou respondem o problema lançado, e que justificou sua construção.

Daí dizer-se que o conhecimento humano é falibilista, no sentido de que as crenças humanas não têm, de modo definitivo, como serem consideradas verdadeiras. A imperfeição dos sentidos, e as limitações cognitivas humanas fazem com que toda a imagem que se constrói da realidade, e as ideias elaboradas a partir daí, sejam falíveis, no sentido de que não se têm garantia definitiva e absoluta de que sejam verdadeiras. São assim consideradas, verdadeiras, somente enquanto não se prova a sua falsidade, o que por igual guarda pertinência com os problemas do raciocínio indutivo, que será examinado no próximo tópico.

Tais noções de epistemologia, aqui apenas brevemente referidas,[11] são lembradas para que se destaque sua pertinência quando se cogita de construir máquinas capazes de compreender o ambiente ao seu redor e tomar decisões a partir dele ou sobre ele. A compreensão das máquinas sobre o ambiente ao seu redor é, por igual, falível, porquanto a imagem que são capazes de construir a respeito desse ambiente será sempre imperfeita, intermediada por sentidos (ou sensores) imperfeitos, os quais fornecem dados cuja interpretação sofrerá, igualmente, a interferências as mais diversas, inclusive de preconceitos e vieses. Todos os problemas que se colocam a respeito das possibilidades e dos limites da cognição humana aplicam-se por igual à cognição levada a efeito por sistemas artificiais.

---

a ele e de certo modo foi feito por ele: as duas longas evoluções formativas, a do animal e a do instinto, estão demasiado associadas, solidárias, para que possamos dissociá-las e conhecer a gênese do instinto". MIRANDA, Pontes de. *O problema fundamental do conhecimento*. Porto Alegre: O Globo, 1937, p. 19.

10. POPPER, Karl. *Em busca de um mundo melhor*. Trad. Milton Camargo Mota. São Paulo: Martins Fontes, 2006, p. 38.

11. Para uma análise introdutória do assunto, veja-se: MACHADO SEGUNDO, Hugo de Brito. *O direito e sua ciência*: uma introdução à epistemologia jurídica. 2.ed., São Paulo: Foco, 2021, passim.

Há, porém, uma distinção relevante. O conhecimento humano não se origina, de modo inaugural, como produto da razão, a processar informações que lhes chegam dos sentidos ou da memória. O conhecimento, como explicado, verifica-se, por primeiro, no DNA dos seres vivos. A saberes inatos, instintivos, que mesmo seres vivos não conscientes possuem. As máquinas, não.[12]

As mesmas consequências ou decorrências do reconhecimento da falibilidade do conhecimento humano, portanto, aplicam-se ao conhecimento levado a efeito por máquinas. Sendo ele falível, ou precário, poder-se-ia concluir pela sua impossibilidade – dada a ausência de absolutas certezas sobre sua correção. É a opção cética, que, a rigor, é contraditória e autodestrutiva, pois pressupõe alguns conhecimentos – no mínimo, para tornar possível a linguagem com a qual a teoria cética é enunciada. No outro extremo, seria possível concluir pela admissibilidade de qualquer teoria, resposta ou interpretação da realidade: trata-se do relativismo, que não deixa de ser uma variante do ceticismo. Se não se tem certeza, e tudo pode ser falso, tudo pode, por igual, ser verdadeiro. O falibilismo apresenta-se como opção intermediária, e mais razoável, na qual se reconhece a possibilidade de se estar errado – e de se estar certo – mas se admite que existem teorias, ou respostas, melhores que outras, porque estão mais bem fundamentadas, assim entendidas aquelas cuja falsidade poderia em tese ter sido demonstrada, mas isso, até o momento, não ocorreu. O conhecimento, portanto, deve ser tido como falível, estando-se aberto à possibilidade de essa falsidade ser demonstrada. Não se pode ter o conhecimento como definitivamente correto ou verdadeiro, mas apenas provisoriamente, estando a possibilidade de erro sempre em aberto. O mesmo, como inclusive já se apontou em itens anteriores deste livro, vale para as máquinas.

A possibilidade de se criarem máquinas capazes de compreender a realidade, e decidir a respeito dela, talvez forneça argumento adicional à corrente filosófica do realismo, servindo de confirmação – não propriamente intersubjetiva, mas talvez objetiva, por ser a máquina um objeto, e, ainda (por enquanto) não outro sujeito – da existência da realidade exterior a nós, sujeitos cognoscentes, a qual se reflete também no interior dos seres artificiais que desenvolvemos.[13]

---

12. "It should be understood that AI agents and robots have no innate knowledge about the world. Coming off the factory production line a robot or AI is a genuine "blank slate" or to be more exact an unformatted drive. Babies, on the other hand, enter the world "pre-programmed" so to speak with a variety of innate abilities and knowledge. For example, at birth babies can recognise their mother's voice. In contrast, AI agents know nothing about the world that they have not been explicitly programmed to know." WAGNER, Alan. *An Introduction to Ethics in Robotics and AI*. Switzerland: Springer, 2021, p. 13.

13. POPPER, Karl. Realismo. In: MILLER, David (Org.). *Popper*: textos escolhidos. Trad. Vera Ribeiro. Rio de Janeiro: Contraponto, 2010, p. 220.

Na mesma ordem de ideias, a difícil tarefa de construir máquinas capazes de conhecer a realidade e decidir em torno dela revela que o conhecimento, no sentido mais sofisticado anteriormente explicado, de relação (ou de resultado subjetivo dela, consistindo na imagem do objeto que se forma na mente do sujeito, ou intersubjetivo, consistindo no corpo de teorias e ideias integrantes do mundo 3), não depende apenas dos sentidos – ou, no caso das máquinas, de seus sensores – mas do que o intelecto faz com as informações assim obtidas. A evidência disso é que mesmo o computador dotado das melhores câmeras e microfones precisa de um software – de um "intelecto" – capaz de interpretar tais informações de sorte a reconhecer objetos, mensagens de voz etc.

3.1.2 IA e o "problema da indução"

A compreensão de como sistemas inteligentes realizam inferências serve, ainda, de notável campo de pesquisa empírica para experimentação da utilidade, do alcance e das limitações das formas ou espécies de inferências. Isso porque eles não dispõem de senso comum e de intuição,[14] ferramentas que, no ser humano, eventualmente levam à correção de equívocos havidos em algumas inferências sem que isso seja conscientemente percebido, evidenciando assim os problemas que subjazem a elas.[15]

Inferências são operações intelectuais por meio das quais se fazem afirmações que se pretendem verdadeiras, a partir de outras já conhecidas como verdadeiras. Diz-se, basicamente, que as inferências são feitas por dedução, ou por indução.

No caso da dedução, partem-se de premissas maiores, ou mais gerais, para se chegar a conclusão menor, mais específica ou particular. No exemplo clássico:

Premissa maior: *Todo homem é mortal*

Premissa menor: *Sócrates é homem*

Conclusão: *Sócrates é mortal.*

---

14. E o grande problema reside em como conferir intuição às máquinas, se não sabemos bem como a nossa própria intuição funcionada. Como explica Saramago, em todos os nomes, trata-se de um pensamento tão rápido que nossa consciência é levada a um determinado ponto, mas não consegue compreender o caminho que seguiu até ele. SARAMAGO, José. *Todos os nomes*. São Paulo: Editora DeAgostini, 2003, p. 26.

15. Daí as dificuldades que máquinas enfrentam na realização do raciocínio jurídico, um "universo de condicionamentos virtualmente inesgotável, e acedido em parte pela intuição". Cf. ARAÚJO, Fernando. Lógica jurídica e informática jurídica. Da axiomatização deôntica às estruturas não monotônicas do raciocínio rebatível. *Revista do Instituto do Direito Brasileiro*. ano 3, 2014, n. 2. p. 891.

Perceba-se que, no raciocínio dedutivo, se as premissas forem verdadeiras, a conclusão necessariamente o será. Não há possibilidade de a conclusão ser falsa, se as premissas forem verdadeiras, a menos que não se esteja diante de autêntica dedução, mas sim de uma falácia, como a seguinte:

Premissa maior:	*Quando chove, a grama fica molhada*
Premissa menor:	*A grama estava molhada ontem.*
Conclusão:	*Choveu ontem.*

No caso deste segundo exemplo, não se tem dedução, mas falácia, pois das premissas, embora possam ser verdadeiras, não decorre *necessariamente* a conclusão. Naturalmente, outras causas podem levar a grama a estar molhada, diversas da chuva. Ela pode ter sido aguada ou regada, por exemplo.

Afastadas as situações de falácias, contudo, as inferências por dedução conduzem, se as premissas forem corretas, a resultados sempre corretos. Entretanto, tais resultados, a rigor, não *acrescentam* novos conhecimentos ou informações, àqueles já constantes, ainda que implicitamente, nas próprias premissas. Dedução, é apenas um desdobramento, ou uma extração, de ideias já embutidas nas próprias premissas, que assim são desdobradas, sem que se acrescentem conhecimentos novos.

Precisamente por isso, os primeiros computadores aos quais se pretendeu imprimir alguma inteligência, com o uso do raciocínio dedutivo, cedo mostraram suas limitações. Poderiam chegar a conclusões corretas, mas estavam limitadas às premissas com as quais eram previamente alimentados. Não poderiam procurar construir suas próprias premissas, ou se proteger de eventuais falácias, pois lhes faltavam informações adicionais, externas à inferência que se pretende fazer, para identificarem problemas nas premissas ou na relação entre elas. Para construir premissas a partir das quais se realizam deduções (saber se Sócrates é homem, ou se os homens são mortais...), e para aferir se entre elas há realmente relação de causalidade, são necessários conhecimentos que antecedem e transcendem a própria inferência dedutiva. O conhecimento e a inteligência das primeiras máquinas projetadas para desenvolver artificialmente a inteligência, nessa ordem de ideias, dependiam exclusivamente do código usado em sua programação, não das informações que poderiam obter a partir do mundo exterior, capazes talvez de acrescentar ou modificar impressões ou posições anteriores.

Isso levou a que, nos últimos vinte ou vinte e cinco anos do Século XX, a temática "Inteligência Artificial" perdesse muito de sua popularidade, nos meios acadêmicos, e mesmo fora deles, sendo deixada um pouco de lado. Foi, como anteriormente salientado, o que se convencionou chamar de inverno da IA.[16] A chegada dos anos 2000 parecia bem diferente daquela retratada três ou quatro décadas antes, na literatura e nas telas dos cinemas. Em vez de robôs inteligentes, o que se assistiu foi a uma hipertrofia de conectividade, com a difusão e a popularização da *internet,* e dos mais diversos dispositivos capazes de se conectar a ela e de por seu intermédio realizar tarefas e trocar informações.

Com a disponibilização, na internet, de uma grande quantidade de informações, dada a interconexão de um incontável número de dispositivos, o volume de dados que uma máquina passou a ter acesso e poder processar passou a ser infinitamente maior. Daí o surgimento da chamada *Big Data,* ou Grandes Dados, o que levou os teóricos e entusiastas da Inteligência Artificial a sair do aludido inverno, com um novo período de conquistas importantes e muitas promessas e expectativas.

De fato, o acesso a uma grande quantidade de informações passou a permitir aos computadores realizar inferências indutivas. Observando regularidades, ou diversas situações específicas ou particulares, para delas inferir conclusões gerais, aplicáveis à generalidade de outras situações semelhantes no futuro. Se se observam um, dois, cinco, cinquenta, cem cisnes, e todos são brancos, conclui-se, por inferência, que todo cisne é branco.

Ocorre que a indução possui problemas, de ordem lógica e epistemológica, o que tem sido denunciado há algum tempo, no campo da epistemologia.[17] O curioso, agora, é notar o quanto a utilização desse tipo de inferência, por sistemas de inteligência artificial, confirma a críticas que se lhe fazem.

A crítica de ordem lógica diz respeito à falta de fundamentos que amparem a inferência indutiva, a qual incorre em circularidade quando se tenta fazê-lo. Quando se faz a inferência, ou o salto, das premissas (500 cisnes que vi são brancos) para a conclusão (os próximos cisnes que eu encontrar serão brancos), não se apontam motivos, fundamentos, ou razões, que justifiquem, amparem, ou corroborem, a conclusão. Quem garante que os próximos cisnes serão brancos? O fato de os 500 já observados o serem? Mas o que se quer saber é justamente por

---

16. Fernanda Laje faz alusão a dois invernos, e não apenas a um. O primeiro teria ocorrido entre 1974 a 1980, e, o segundo, de 1987 a 1993. Isso porque houve, entre 1980 e 1987, algum ressurgimento do interesse na matéria. As classificações, e as divisões que a partir delas são feitas na realidade, têm sempre esses problemas, pois a realidade é fluida e nem sempre - ou quase nunca - linear, principalmente quando se trata da História. É inegável, contudo, que entre meados dos anos 1970 e o início do Século XXI, o tema tenha, de uma forma ou de outra, despertado um menor entusiasmo que aquele verificado nos anos 1960, e a partir dos anos 2010. Cf. LAGE, Fernanda de Carvalho. *Manual de Inteligência Artificial no Direito Brasileiro.* 2.ed. Salvador: Juspodivm, 2022, p. 39-40.

17. POPPER, Karl. O problema da indução. In: MILLER, David (Org.). *Popper:* textos escolhidos. Trad. Vera Ribeiro. Rio de Janeiro: Contraponto, 2010, p. 101-115.

que, a partir dos 500 observados, se pode inferir que os ainda não observados serão também brancos, e isso a fundamentação calcada apenas nas premissas, logicamente, não fornece.

No plano epistemológico, ou de teoria do conhecimento, o problema da indução reside em que ela pressupõe que a parcela da realidade examinada quando da fixação das premissas (os 500 cisnes examinados), e a parcela da realidade à qual a conclusão será aplicada (todos os outros cisnes do mundo, atuais e futuros), são e serão sempre iguais, algo de que não se tem qualquer garantia.

Partindo de tais críticas, Popper propõe que se altere a própria forma como se concebe o trabalho do pesquisador. Não se trata de alguém que examina, desinteressadamente, a realidade, de modo neutro, à procura de padrões, de regularidades, a partir das quais possa inferir conclusões por indução. Tais conclusões, por igual, uma vez propostas, não se tornam verdades científicas irrefutáveis, mais sólidas ou diferentes de outras formas de conhecimento por conta sobretudo do método seguido quando de sua formulação. Não é a maneira como as teorias surgem, em suma, que as faz científicas. O processo, em verdade, se opera de modo inverso.

O pesquisador, de início, formula suas hipóteses, teorias, ou propostas para a solução de problemas, pouco importando o processo prévio a essa formulação, se um sonho, um palpite, um *insight*.[18] O relevante é o que se dá depois: fazem-se testes, destinados a verificar a possível falsidade, ou inadequação, da hipótese, da teoria, ou da proposta de solução do problema. Se elas forem passíveis de teste, se sua falsidade puder ser testada, elas são tidas como cientificamente válidas, e verdadeiras enquanto passarem nos testes, ou enquanto não se demonstrar a sua falsidade. O procedimento relevante ocorre *depois* da formulação da hipótese, tendo ela valor enquanto puder passar e sobreviver a esse procedimento.

Isso não se dá apenas no empreendimento científico. Talvez seja o conhecimento humano – e o de outros animais também – que se processa assim. Parte-se de uma pré-compreensão da realidade, que pode ser formada a partir de impressões ou sensações prévias, ou de registros constantes do código genético do ser vivo. Novas análises da realidade de cuja compreensão se cogita podem ratificar, retificar, ou complementar, essa compreensão inicial, a qual segue sempre, nessa condição, provisória, conforme se explicou no item 3.1.1, supra.

---

18. "Fundamentally, the underlying theory of inference is at the heart of the problem. Induction requires intelligence to arise from data analysis, but intelligence is brought to the analysis of data as a prior and necessary step." LASRON, Erik J. The mith of artificial intelligence: Why computers can´t think the way we do. Cambridge, Massachusetts – London, England: The Belknap Press of Harvard University Press, 2021, p. 154.

Não é, portanto, a indução a forma de inferência realizada pela mente humana. Não se parte de um número imenso e previamente determinado, supostamente suficiente, de observações de fenômenos particulares, para a partir dele se chegar à conclusão geral, certa e aplicável a quaisquer outros eventos semelhantes no futuro. Parte-se de um número que pode mesmo ser bastante limitado de observações, que servem de *indício* de que determinada conclusão é *provável*. Novas observações podem corroborar ou confirmar a presunção, ou afastá-la. A inferência assim feita, nessa ordem de ideias, é abdutiva, sendo ela que as máquinas, se quiserem replicar o raciocínio humano – e de outros seres que conhecem – devem seguir.

Por abdução, entende-se a inferência que busca, de modo provisório, *a melhor hipótese* para explicar determinada observação. Não necessariamente várias observações, ou um número grande delas. Pode ser uma só. Voltando-se para o exemplo da falácia da grama molhada de alguns parágrafos atrás, ele poderia ser reformulado, como uma inferência abdutiva, sem se incorrer em falácia, nos seguintes moldes:

Observação: *A grama está molhada*

Formulação de hipótese: *É provável que tenha chovido há pouco.*

A chuva pode ser a melhor explicação para a grama estar molhada, notadamente se estiver ainda nublado, e outras partes do solo, e dos telhados das casas, estiverem também molhadas, mas com isso não se afasta a possibilidade de não ter sido a chuva a causa do fenômeno observado, mas a circunstância de alguém ter regado a grama, ou de terem sido acionados aspersores automáticos instalados para essa finalidade, hipóteses que podem ser mais prováveis caso esteja fazendo sol e todo o restante do cenário observável esteja seco. Veja-se que a abdução se relaciona com a formulação de hipóteses, e com a seleção, dentre as várias formuladas, da que representa a melhor explicação para o fenômeno. Nessa ordem de ideias, essa inferência converge com o raciocínio falibilista, desenvolvido por Popper no campo da Epistemologia.

A compreensão que se tem da realidade é, por definição limitada. Primeiro, porque os órgãos dos sentidos dos seres vivos são imperfeitos, não captando tudo sobre a realidade – mas só o que dela os impressiona ou sensibiliza –, o mesmo podendo ser dito de sensores de máquinas. Segundo, porque se compreende a realidade a partir de um ponto, do qual não se pode vê-la, ouvi-la ou captá-la, por qualquer meio, em sua inteireza ou integralidade. Terceiro, porque não seria possível a uma estrutura pensante, parte da realidade, compreendê-la toda, em sua inteireza. Por tudo isso, um raciocínio que procure tirar conclusões a respeito da realidade que se busca conhecer deve partir inafastavelmente de premissas que se sabem limitadas, para chegar a conclusões apenas prováveis. O nome disso não é indução. Ademais, a preocupação deve residir em fazê-lo de modo a reduzir a possibilidade de erro. Enquanto as máquinas estiverem a operar por indução, continuarão a demonstrar, empiricamente, o acerto de Popper.

Examinando um grande volume de dados, de modo desinteressado, apenas à busca de regularidades, as máquinas chegam a conclusões que não apenas são falsas, mas que também podem ser completamente irrelevantes. Até porque elas não têm como, apenas com base na observação, saber quais regularidades se devem a alguma relação de causalidade, ou se são coincidências. Dois fatos podem ser um a causa do outro (a chuva fez a grama ficar molhada), os dois podem ter uma causa em comum (a grama e o terraço estão molhados, por causa da chuva), ou podem ser mera coincidência (está chovendo, e a televisão está ligada).

O mesmo que se disse para a compreensão da realidade, vale, por iguais razões, para o uso da linguagem. Em um diálogo, também a melhor explicação para o emprego de uma palavra, ou de uma frase, é obtida por abdução, à luz de pistas e elementos fornecidos pelo contexto,[19] não por indução.[20] Quando uma pessoa precisa atribuir sentido a uma palavra – dos vários significados possíveis – raciocina de modo semelhante àquele que deve dar uma explicação para um fenômeno natural ou cultural observado. Nos dois casos, a resposta, ou a conclusão, é provisória, configurando a melhor explicação possível à luz das circunstâncias, mas sempre passível de retificação.

Tomem-se os seguintes exemplos:

1) Ao ver uma sombra distante, o sujeito imagina tratar-se de um cavalo (palpite, baseado em impressões limitadas), impressão esta que será confirmada, ou afastada, conforme ela se aproxime e examine melhor o objeto (que pode ser um arbusto, um rochedo, outro animal, ou um cavalo mesmo);

2) Ao começar uma relação amorosa com uma mulher que conheceu em uma festa, o sujeito imagina tratar-se de uma pessoa correta, fiel e dotada de algumas outras qualidades. Só o tempo permitirá que essas impressões iniciais,

---

19. Como observa Humberto Ávila, o contexto é decisivo para indicar as pistas, ou elementos, necessários a que se determine o sentido a ser dado à palavra, ou à frase, de cujas compreensão e interpretação se cogitam. Mas isso não quer dizer que a própria palavra, em si, não traga, também, a partir de seus usos e significados anteriores, uma contribuição para esse processo. Cf. AVILA, Humberto. *Teoria da indeterminação no Direito*. Entre a indeterminação aparente e a determinação latente. São Paulo/Salvador: Malheiros, Juspodivm, 2022, p. 100.

20. Como nota Schauer, quando nos comunicamos usamos caracterizações possíveis, mas não universais. SCHAUER, Frederick. *The force of law*. Cambridge, Massachusetts: Harvard University Press, 2015, p. 39.

calcadas em informações limitadas, sejam confirmadas, complementadas ou refutadas, total ou parcialmente;

3) *Ao ouvir, ou ler, alguém empregando uma palavra, o sujeito imagina, em um primeiro momento, o significado que se pretendeu atribuir a ela, mas esse significado será apenas presumido, provisoriamente, podendo ser modificado caso se descubram novos elementos contextuais que sugiram um significado diferente. A frase "José está cego", parece significar, em princípio, que um ser humano de nome José perdeu o sentido da visão. Mas, a depender do contexto, essa impressão inicial pode ser afastada, sendo mais provável que o significado seja outro. Se se percebe que José ainda enxerga os objetos à sua frente, mas não leva a sério os conselhos de seus amigos, seguindo apenas as exigências de sua namorada, afasta-se aquela impressão inicial para se concluir – sempre provisoriamente – que a remissão é à incapacidade de José de perceber e levar em consideração pensamentos diversos e discrepantes dos de sua namorada.*

A formulação de hipóteses prováveis, a partir de elementos incompletos da realidade, as quais são posteriormente testadas, mantendo-se provisoriamente enquanto passam nos testes, parece ser a maneira como o ser humano se relaciona com a realidade ao seu redor, e com a linguagem que faz uso para se referir a ela – e mesmo, de algum modo, para constituí-la no mundo dos pensamentos.

Para formular hipóteses a partir de informações limitadas, é preciso, uma vez mais, recorrer ao senso comum, e ao conjunto de outras informações reunidas sobre o mundo, sabendo ainda julgá-las. A escolha da melhor opção, ou da melhor explicação para um fato, depende de elementos contextuais, da mesma forma como ocorre em relação à linguagem (a melhor explicação para o sentido que alguém pretende atribuir a uma palavra depende do contexto). Isso, por indução, não se é capaz de fazer. Fosse por indução que se atribuíssem sentido às palavras, estas nunca seriam modificadas. E jamais surgiriam palavras novas.

Talvez seja interessante, neste ponto, verificar como, no mundo da natureza, formou-se uma mente como a dos seres humanos, capaz de raciocinar de modo falibilista, ou abdutivo. Pode ser o caso de replicar o mesmo procedimento no âmbito de sistemas inteligentes artificiais, o que suscita questionamentos filosóficos tão antigos quanto profundos.

3.1.3 Conhecimento, aprendizagem e valores

Uma forma possível de replicar ou imitar o funcionamento da mente humana é reproduzi-la em sua estrutura e conexões. É um caminho, em tese, possível, mas que demanda o conhecimento de todas essas conexões e estrutura, bem como a capacidade de replicá-las a partir de trilhas ou procedimentos diversos daqueles que a natureza seguiu para idealizar a mente que se está replicando.

Outra forma possível é replicar o caminho, ou o procedimento, na expectativa de provavelmente se chegar ao mesmo resultado. Como, na natureza, surgiram mentes pensantes? E, mais importante: por que, ou para quê?

O conhecimento, no mais amplo sentido que a palavra pode ter, surgiu, inicialmente, na natureza, em face de problemas que se colocam para a sobrevivência. Um ser, melhor adaptado para enfrentar os desafios que o meio coloca à sua sobrevivência, persevera, preservando consigo essa melhor adaptação. Reproduzindo-se, passa adiante a adaptação. Os não tão bem adaptados, ou dotados de soluções menos adequadas, não. Daí, com o tempo, ao longo de milhões de gerações, as espécies vão "aprendendo", de modo cego e aleatório, as melhores maneiras de resolver os problemas que se colocam à sua sobrevivência e à sua reprodução.

Órgãos capazes de digerir, locomover, ver, ouvir ou sentir a realidade circundante, todos são respostas do processo evolutivo a tais problemas.

Foi nesse contexto que surgiram, nos seres vivos, sensações, ou a capacidade de experimentar sensações, agradáveis, boas, prazerosas, diante de situações que incrementam as chances de permanecer vivo e se reproduzir. Fome, sede, frio ou calor extremos, cansaço, sono, representam ou dão cabimento a sensações desprazerosas, dolorosas, que o ser que as experimenta, portanto, procura evitar. Inversamente, temperaturas amenas – porque favoráveis ao melhor funcionamento do organismo –, um gole de água fresca para saciar a sede, ou uma porção de comida para matar a fome, suscitam prazer, ou sensação agradável, que o ser que experimenta procurará perseguir. Tudo em favor da sobrevivência, e da reprodução.

Isso, inclusive, representa um borrão, uma nuvem, a conectar dois mundos que, na mente do ser humano racional, seriam inteiramente separados, que são os mundos do *ser* e do *dever ser*.[21] A dicotomia *is-ought*. Como escreveu Hume,[22] que fortemente influenciou Kant: não é porque as coisas são de um modo que se pode concluir que elas devam ser desse modo, e não de outro. Mas, no processo evolutivo, nossa compreensão de como as coisas *devem ser*, nossos juízos de valor sobre o que faz as coisas serem tidas como boas ou ruins, nosso acesso ao plano do *dever ser*, e os valores que utilizamos para julgar as coisas nele, decorrem do

---

21. KELLY, Daniel. *Yuck! The Nature and Moral Significance of Disgust.* Cambridge: MIT Press, 2011, p. 152.
22. HUME, David. *Treatise of human nature.* London: Oxford, 1978.

mundo do *ser*, e de como os seres vivos nele perseveraram no processo de seleção natural.

Ninguém imprimiu nos seres vivos esse objetivo, de sobreviver e se reproduzir. O que ocorre é que, simplesmente, aqueles não inclinados a perseguir esses objetivos desapareceram e não deixaram descendência. Os que, por razões aleatórias, possuíam características que os faziam sobreviver, e se reproduzir, deixaram descendência dotada das mesmas características, que em um lento processo de tentativa e erro se foram aprimorando, diversificando e sofisticando. O fato é que, entre elas, entre essas características necessárias à sobrevivência e à reprodução, aparece a inteligência, em suas mais variadas manifestações ou facetas (ver item 1.1, supra).

Nessa ordem de ideias, uma das formas que os teóricos da IA têm encontrado para construir sistemas inteligentes é, em vez de desenhar ou projetar sistemas capazes de realizar inferências para realizar tarefas de modo predeterminado, arquitetar sistemas capazes de aprender por conta própria, evoluindo sozinhos, tal como se deu com os seres vivos. Esse aprendizado pode mesmo ocorrer sem supervisão humana, já tendo conduzido a resultados surpreendentes.[23]

Não se pretende, aqui, descrever como isso ocorre, do ponto de vista da teoria da computação. Fascina, contudo, saber que o processo parece ser muito semelhante ao observado entre seres vivos, cujos neurônios são recompensados por meio de dopamina quando certos objetivos são atingidos.[24] O problema é que, justamente, para projetar máquinas que aprendam, é preciso dar a elas objetivos. É necessário, ainda, compreender melhor como seres vivos passaram e passam por esse processo. As decisões humanas, nas mais variadas esferas e níveis, são orientadas por valores, por emoções e sentimentos que, em última análise, decorrem do fato de o ser humano ser dotado de um corpo, situado no mundo submetido às leis da física, que precisa sobreviver.[25] Quais seriam os objetivos a serem perseguidos por máquinas, em um processo de aprendizado? Quando

---

23. Como observa Caliendo, algoritmos evolucionários, que exploram as ideias de cooperação e não cooperação para a solução de dilemas, podem, replicando algo que ocorreu com seres vivos no processo darwiniano, fazer com que emerjam normas morais. O fato de tecnicamente isso não ser possível hoje não quer dizer que, em tese, não o seja. SILVEIRA, Paulo Antônio Caliendo Velloso da. *Ética e Inteligência Artificial*. Da possibilidade filosófica de Agentes Morais Artificiais. Porto Alegre: Editora Fi. 2021, p. 176.
24. CHRISTIAN, Brian. *The alignment problem*. Machine Learning and human values. New York: W.W Norton and Company, 2020, *ebook*.
25. Daí por que Gadamer, por outros caminhos, chega à mesma conclusão, qual seja, a de que ciência humana sem valores é algo quixotesco. GADAMER, Hans-Georg. *Elogio da Teoria*. Trad. Artur Mourão. Lisboa: Edições 70, 2001, p. 54. Ou, como observa Vladimir Jankélévitch sobre a axiologia, "expulsem-na pela porta, e ela voltará pela janela, ou pela chaminé, ou pelo buraco da fechadura; melhor dizendo, ela nunca saiu, ela apenas fingiu sair: ela tinha ficado tranquilamente sentada à nossa mesa, sob o

elas compreenderiam ter "acertado", ou ter "errado", para aprimorar sozinhas as tentativas que começassem a fazer?

A questão é mais complexa do que pode à primeira vista parecer. No caso dos humanos, sobreviver e se reproduzir foram os objetivos, ou as metas, que desde os antepassados mais remotos na escala evolutiva foram perseguidas, pela simples razão de que aqueles que perseguiam objetivos diversos desapareceram sem gerar descendência. Foram essas metas que conduziram ao surgimento de sentimentos de prazer e dor, e, como consequência mais refinada disso, sentimentos morais. Mas os seres humanos, no exercício da razão, também ela decorrente do processo de seleção natural, podem eventualmente eleger, ou escolher, seus próprios objetivos, os quais inclusive podem contrariar, ou divergir, destes da natureza. Exemplo disso são pessoas que decidem morrer, ou arriscar a própria vida, por causas – ou fins – que lhes parecem mais nobres, em uma guerra ou diante de uma catástrofe, por exemplo; ou, o que é bem mais comum, pessoas que deliberadamente resolvem não ter filhos.

Adicione-se a isso, no caso dos humanos, a existência da *curiosidade*, que faz com que as recompensas que a mente experimenta decorram não só de se atenderem objetivos diretamente relacionados à sobrevivência imediata, mas de se descobrirem coisas novas, e de o indivíduo ter suas expectativas – hipóteses formuladas a respeito da realidade – confirmadas diante da exploração do ambiente.

Há, também, casos em que a realização de determinados valores, ou fins, no curto prazo, pode ser incompatível com a implementação desses mesmos valores, ou de outros, no longo prazo. Comer um segundo pedaço de pizza atende anseios de saciedade, trazendo sensação de prazer inegavelmente atrelada à primitiva necessidade de manutenção da vida. Mas se quem faz isso já está um tanto acima do peso, e não há perspectiva de carência de alimentos em um futuro próximo, a mesma manutenção da vida talvez recomende, se se pensar no longo prazo, não comer esse segundo pedaço de pizza. Como ponderar entre objetivos de longo prazo, e objetivos de curto prazo?

Por outro lado, quando se pretende moldar comportamentos para que certos objetivos sejam atingidos, não é raro que se cometam erros, e objetivos diversos terminem por ser atendidos. É o caso do pai que, tendo prometido à filha recompensas sempre que ela levasse o irmão menor ao banheiro, fez com que ela desse ao irmão quantidade excessiva de água, para que ele tivesse multiplicada a necessidade de urinar; ou do pai que, tendo prometido à filha recompensas sempre que ela limpasse a casa, fez com que ela seguidamente sujasse a casa já limpa, apenas para proceder a nova

---

nosso lustre... *Dubito ergo cogito.*" JANKÉLÉVITCH, Vladimir. *O paradoxo da moral.* Trad. Eduardo Brandão. São Paulo: Martins Fontes, 2008, p. 10.

faxina e ganhar o prêmio mais uma vez.[26] A própria História fornece exemplos, como o do governo do Rio de Janeiro, que, com a intenção de combater a peste bubônica, transmitida pelas pulgas presentes nos ratos, passou a premiar quem capturasse e levasse ratos ao Poder Público. A medida, em vez de levar a uma diminuição nos ratos presentes na cidade, que passariam a ser caçados pela população para serem entregues ao governo, ensejou o aumento no número desses animais, pois as pessoas passaram a *criá-los* para que em seguida fossem vendidos ao Estado.

Veja-se que essa não é uma questão nova, que se coloca apenas agora, quando se decide que máquinas precisam ter objetivos, ou perseguir valores, para tomar decisões com alguma autonomia, inclusive aprendendo sozinhas. É um problema que se coloca há muito tempo, na filosofia, em torno, por exemplo, do pensamento utilitarista.

Para ilustrar o quanto objetivos, fins ou valores são necessários para que se tomem decisões, e para que se aprenda, pode-se ilustrar com o exemplo de sistemas de inteligência artificial que aprendem, sozinhos, a jogar videogame, tornando-se exímios jogadores. A máquina começa a jogar fazendo movimentos, jogadas ou lances aleatórios, e percebe quais lhe rendem pontos (ou vidas, ou energia...), e quais lhe tiram pontos, vidas, energia etc. Com o tempo, sozinha, a máquina começa a fazer somente aquilo que lhe dá mais pontos, e evitar o que lhe tira pontos, tornando-se uma boa jogadora. Aprende, sozinha, a seguir as regras do jogo, e mesmo a desenvolver boas estratégias para ganhar. A ideia é replicar o mesmo para que aprenda a se conduzir no mundo real, concreto, fora dos limites do videogame.

Mas veja-se. Tendo começado a aprender determinado jogo (tetris), cujo objetivo era encaixar peças que caíam sem parar da parte superior da tela, de modo a que elas, encaixadas, desaparecessem e não se acumulassem (sendo o acúmulo, caso chegasse à parte superior da tela, motivo para derrota), a máquina descobriu, sozinha, a seguinte estratégia: pausar o jogo. Usando a função "pause", do videogame, a máquina poderia ficar por tempo indeterminado livre do risco de peças se acumularem na tela e de isso levar à derrota. Mas, por não dispor de valores mais amplos a orientar suas decisões e escolhas, naturalmente não poderia perceber que essa não seria uma estratégia razoável, pois implicava a paralisação do próprio jogo. Mais uma vez, a falta do bom senso, a conduzir a decisões absurdas, embora corretas se o objetivo que as subjaz fosse realmente o único a ser perseguido pelo agente.

Como garantir que, em um processo de aprendizagem, por tentativa e erro, surjam sentimentos morais tais como os que desejamos que as máquinas tenham? Da evolução por seleção natural talvez tenham surgido, também, figuras como a

---

26. CHRISTIAN, Brian. *The alignment problem*. Machine Learning and human values. New York: W.W Norton and Company, 2020, *ebook*.

xenofobia e o racismo.[27] E, pela aleatoriedade do processo, pode mesmo ser que, replicando-o diversas vezes, diversos sejam os resultados. Pode mesmo ocorrer de que, entre algoritmos, que são colocados para cooperar e aprender sozinhos, surjam soluções diferentes, e mesmo melhores, que as humanas.

Considerando que os sentimentos morais, tal como os conhecemos, são consequência da atuação de ideias identificadas pela Teoria dos Jogos,[28] sendo essa a explicação pela qual surgiram espontaneamente e foram naturalmente selecionados entre alguns seres vivos – e não só entre humanos – talvez se algoritmos forem programados para cooperar em busca de objetivos em comum, dessa cooperação emerjam sentimentos morais que poderão então utilizar para guiar outras decisões e condutas, nos mais variados cenários.

Problema desse tipo é ilustrado em um dos contos integrantes do livro *Eu, Robô,* de Isaac Asimov.[29] Instruídos a seguirem três "leis", sinteticamente enunciadas como regras jurídicas, os robôs não raro se veem diante de situações nas quais tais regras precisam ser ponderadas, ou, pior, nas quais a observância irrestrita delas, sem a consideração de que existem outros valores a serem perseguidos, leva a resultados absurdos – mas cuja absurdez a máquina é incapaz de perceber, por demandar a consideração de fatores que extrapolam ou estão além das apontadas regras.

As três leis da robótica, enunciadas por Asimov como devendo ser "programadas" em todo robô, são as seguintes: (i) um robô não pode ferir um ser humano ou, através da inação, permitir que um ser humano seja ferido; (ii) um robô deve obedecer às ordens dadas por seres humanos, exceto se tais ordens entrarem em conflito com a Primeira Lei; (iii) um robô deve proteger sua própria existência desde que tal proteção não entre em conflito com a Primeira ou a Segunda Lei.

A observância de tais "leis" pelos robôs cedo suscita, no livro, e no filme de 2004 nele inspirado, estrelado por Will Smith, questões jurídicas e hermenêuticas da maior profundidade. A começar por situações nas quais mais de um ser humano está em perigo, e o robô não tem condições de salvá-los todos. Qual priorizar? Se um ser humano estiver infligindo danos a outro ser humano, como proceder? Sua inação fará com que um deles seja ferido, mas sua ação poderá causar danos ao outro ser humano, levando, como escreveu Asimov, a que tais danos se de-

---

27. Outro exemplo disso, ligeiramente mais complexo, é o decorrente do fato de que sentimentos morais surgiram para fazer possível a cooperação, e se aperfeiçoaram no ato de dividir o alimento, a caça, e dão origem hoje a movimentos como o do vegetarianismo e do veganismo. WAAL, Frans de. *Good Natured*: The Origins of Right and Wrong in Humans and Other Animals. Cambridge: Harvard University Press, 1996, p. 146.

28. JOYCE, Richard. *The evolution of morality*. Cambridge, Massachusetts: MIT Press, 2006, p. 27.

29. ASIMOV, Isaac. *Eu Robô*. Trad. Jorge Luiz Calife. Rio de Janeiro: Ediouro, 2004.

vam limitar ao mínimo necessário, pois "a máquina não pode prejudicar um ser humano mais do que minimamente e apenas para salvar um número maior".[30]

No limite, programadas as máquinas a seguir tais leis, cria-se uma situação na qual elas assumem o controle de toda a sociedade, e impedem os seres humanos de tomar uma série de decisões ou incorrer em uma série de condutas nas quais eles *querem* incorrer – como fumar, realizar esportes perigosos, ou exercer atividades poluentes – tudo em nome da primeira lei. Isso tudo revela o quanto interpretar normas, à luz dos valores que elas perseguem, e dos demais que com elas devem conviver, é bem mais complexo do que à primeira vista pode parecer, algo já percebido por autores como Asimov, que não era filósofo ou jurista, há mais de setenta anos.

De uma forma ou de outra, as dificuldades enfrentadas pelos que procuram fazer com que máquinas sejam capazes de aprender revelam que:

a) O conhecimento humano não se opera à base da indução;

b) Não é possível tomar decisões, incluindo-se a de pesquisar a correção de uma hipótese, se não se estiver pautado em valores, subjacentes a objetivos, metas ou propósitos a serem alcançados, realizados ou atingidos.

c) A falibilidade do conhecimento – humano, animal ou artificial – é ineliminável, mas dela não decorre a autorização para a total deserção, vale dizer, a conclusão de que o conhecimento não é possível; tampouco para o relativismo, a dar igual crédito a toda sorte de afirmação relativamente à realidade, como se "cada um tivesse a sua verdade".

3.2 NEUROCIÊNCIA E IA: PARA REPLICAR, É PRECISO CONHECER O QUE SERÁ REPLICADO

Como já salientado em outros momentos deste livro, para replicar, imitar ou simular o funcionamento da mente humana, é preciso conhecê-la. Além das ciências cognitivas, a neurociência, que tem grande área de interseção com aquelas, mas volta-se mais ao aspecto biológico ou neurológico da mente, pode dar importante contribuição. E vice-versa, pois, ao se tentar imitar, conhece-se melhor o que se está imitando.[31] E, curiosamente, às vezes os dois campos investigam sozinhos e de modo autônomo o mesmo assunto – v.g., como se dá o aprendizado

---

30. ASIMOV, Isaac. *Eu Robô*. Trad. Jorge Luiz Calife. Rio de Janeiro: Ediouro, 2004, p. 316.

31. Para construir aviões, os seres humanos observaram o voo de animais, sendo as máquinas voadoras inspiradas nestes, mas não iguais a eles. Em seguida, para projetar simuladores de voo, foi preciso que programadores conhecessem a física e a mecânica do voo.

– e chegam a conclusões que se confirmam, com o se deu com a constatação da relevância das premiações no processo de aprendizagem (*reinforcement learning*).

É interessante perceber que uma mente curiosa e inteligente surgiu, evolutivamente, por permitir melhores condições de sobrevivência (e reprodução) aos indivíduos que a possuem. Em vez de adaptar o ser vivo a um determinado ambiente específico, como pelos mais grossos adaptam ao frio, ou nadadeiras adaptam ao ambiente aquático, a razão permite que o animal que a possui se adapte aos mais variados e diferentes ambientes, construindo, por exemplo, casacos ou trajes de mergulho. Confere-lhe uma flexibilidade e uma adaptabilidade que instintos, bem como características físicas inatas, não têm.

A inteligência, como as características em geral que os seres vivos têm, foi moldada pelo processo de adaptação ao meio, o qual, em um aprendizado cego,[32] seleciona as características, estruturas biológicas e qualidades mais aptas à consecução de um objetivo primordial: passar os genes adiante. Esse objetivo se atinge por intermédio de dois, que lhes são instrumentais: sobrevivência e reprodução, havendo incontáveis outros que lhes são decorrentes ou acessórios.

Haveria como conceber sistemas dotados da capacidade de aprender, tal como o processo de seleção natural leva seres vivos a "aprender" como digerir, realizar fotossíntese, enxergar, nadar, correr ou voar? Teria como, de modo não supervisionado, pelo mero decorrer desse processo em um ambiente artificial, surgir inteligência? Esse aspecto, já examinado brevemente no item anterior, é problemático porque, dentre outras questões, a aleatoriedade do processo não permite garantir sequer que, em sendo ele reproduzido em outro planeta, uma segunda vez, ainda que com características iguais às da Terra, os mesmos seres teriam sido selecionados e evoluído. Daí por que, *a fortiori*, o mesmo pode se dar em um ambiente artificial.

Mas o fato é que, tendo evoluído como evoluiu, para atingir os fins que levaram à sua seleção, a mente humana é dotada de memória, e de uma capacidade de simular a realidade que lhe é exterior, formando dela uma imagem interna. A memória, aliás, consiste na evocação dessa imagem, ou na reconstrução dela, mesmo quando ausentes os estímulos que levaram à sua formação pela primeira vez. Quando se conhece uma pessoa, circuitos cerebrais são ativados para que se forme, na mente do sujeito que conhece, uma imagem daquele que está sendo conhecido. Depois de se separarem fisicamente, o sujeito que conheceu o outro, ao lembrar dele, formará, em sua mente, a mesma imagem, contudo de maneira

---

32. DAWKINS, Richard. *O relojoeiro cego*. A teoria da evolução contra o desígnio divino. Trad. Laura Teixeira Motta. São Paulo: Companhia das Letras, 2001.

menos forte[33] (do contrário, teria a sensação de estar vendo-o pessoalmente de novo). Não por outro motivo, quando alguém lembra de situação triste, tem vontade de chorar de novo, sendo essa a razão pela qual se diz que relembrar é reviver.

A reativação dos mesmos circuitos cerebrais que se ativam quando se está diante de determinada realidade, provocada pela lembrança, é provocada, por igual, pela imaginação.[34] Se alguém vê uma garrafa de suco sobre a mesa de sua cozinha, certos circuitos neuronais se ativam. Se essa mesma pessoa lembra disso, eles também se ativam, porém de modo mais discreto. E o mesmo se dá se imagina a garrafa de suco sobre a mesa. É assim que a mente humana prevê o futuro e planeja o que fazer nele. Caso o sujeito imagine a mesa do café da manhã dos próximos dias, e veja, nela, uma garrafa de suco; constata, porém, que na sua geladeira, hoje, não há suco. Então compara o desconforto de ir agora comprar outra garrafa de suco, para tê-la amanhã em meu desjejum, com o desconforto de não ter suco amanhã de manhã em sua primeira refeição, e, caso o segundo supere o primeiro, decide comprá-la. Simulações corporais e comparações calcadas em prazer e dor.

O pensamento, aliás, talvez seja formado a partir de sensações, as quais de algum modo dão matéria prima a que se façam analogias para a construção de ideias abstratas. Dizer que um sistema normativo está cheio de contradições pressupõe que ele possui um espaço a ser fisicamente preenchido, tal como um estômago. O mesmo ocorre quando se afirma que os propósitos de determinada lei foram *esvaziados*, ou que a inflação *corroeu* um crédito ao longo dos anos. Os exemplos são incontáveis: a ideia *brilhante*, o raciocínio *claro*, a *cegueira* ideológica etc. Tudo isso deve ser lembrado quando se trata de programar máquinas (desprovidas de corpos) a fazer o mesmo.

3.2.1 Origem de sentimentos morais e a sua relevância para o processo decisório

Outro aspecto com o qual a neurociência e a biologia têm contribuído, na compreensão do processo decisório, diz respeito ao surgimento e ao papel dos sentimentos morais, assim como à influência das emoções na tomada de decisões.

---

33. BERGEN, Benjamin. *Louder than words*. The new science of how the mind makes meaning. New York: Perseus, 2012, p. 26; HICKOK, Gregory. *The myth of mirror neurons*. The Real Neuroscience of Communication and Cognition. New York: WW. Norton & Company, 2014, p. 125.
34. "Meaning, according to the embodied simulation hypothesis, isn´t just abstract mental symbols; it's a creative process, in which people construct virtual experiences – embodied simulations – in their's mind's eye." BERGEN, Benjamin. *Louder than words*. The new science of how the mind makes meaning. New York: Perseus, 2012, p. 16.

Os sentimentos morais têm origem no processo de seleção natural, de adaptação dos seres vivos ao meio. Seres que vivem em grupos prosperam, sobrevivem e se reproduzem com maior facilidade quando cooperam entre si, vista a sobrevivência como um jogo de soma não zero.

Como se tem constatado no âmbito da Teoria dos Jogos, chamam-se "jogos de soma não zero" aqueles cenários nos quais vários seres interagem, em busca de atingir certos objetivos, e o sucesso de uns não implica necessariamente o fracasso dos outros.[35] Em cenários assim, a cooperação surge, naturalmente, como uma estratégia adequada para o êxito dos que dele participam. Daí a seleção de comportamentos, mecanismos e estruturas capazes de permitir essa cooperação e, mais importante, proteger os indivíduos cooperativos daqueles que não cooperam e apenas se aproveitam do altruísmo alheio. É o caso da memória, da linguagem, da fofoca e, mais especificamente, dos sentimentos morais, os quais levam os indivíduos a cooperarem, e a reprovar aqueles que não o fazem, mesmo quando daí não decorra prejuízo especificamente para quem toma conhecimento da falta de cooperação (mas experimenta o sentimento ruim daí decorrente).[36]

Essa origem, biológica, que leva seres humanos a terem instintos, inclinações e sentimentos que orientam suas condutas e suas decisões, não está presente nas máquinas. Não que não seja, por isso, possível replicar em máquinas sentimentos morais, ou desenvolver mecanismos ou processos aptos a dar a elas tais capacidades. Mas é preciso recordar o quão complexo, lento, e inconsciente, foi o processo seguido pela natureza para moldá-los, sendo eles – os sentimentos morais – parte do que se tem chamado de "senso comum" capaz de tornar algumas decisões e conclusões fáceis e mesmo óbvias para humanos, e difíceis, quase impossíveis, para entes que não tiveram a mesma gênese.

Como já explicado anteriormente, a biologia explica a própria origem da capacidade humana de formular juízos de valor, turvando um pouco a fronteira

---

35. "Jogo", nesse contexto, não significa necessariamente uma "competição esportiva", mas "toda situação que envolva mais de um indivíduo, no âmbito da qual cada um deles pode realizar mais de uma ação, de modo que o resultado para cada um desses indivíduos, aqui designado 'proveito', é influenciado pelas suas próprias ações, e pelas escolhas referentes às ações de pelo menos outro indivíduo." No original, "game is any situation involving more than one individual, each of which can make more than one action, such that the outcome to each individual, called the payoff, is influenced by their own action, and the choice of action of at least one other individual." MCEACHERN, Andrew. *Game Theory*: a classical introduction – mathematical games and the tournament. Queens University: Morgan & Claypool Publishers, 2017, p. 1.

36. Daí por que, embora haja variações morais no tempo e no espaço, nas diversas sociedades humanas, elas não são tão grandes assim, sendo possível observar um padrão em relação a alguns pontos. Cf. HARRIS, Sam. *A paisagem moral*. Como a ciência pode determinar os valores humanos. Trad. Cláudio Angelo. São Paulo: Companhia das Letras, 2013, p. 188.

entre os reinos, ou mundos, do *ser* e do *dever ser*. São as situações que põem em risco o equilíbrio necessário à manutenção da vida (fome, temperaturas extremas, fadiga etc.) que trazem ao indivíduo que as enfrenta, como mecanismo de defesa (para que procure fugir delas) sentimentos ou sensações desagradáveis, de dor, incômodo ou desprazer. Já as situações que implicam o retorno a esse equilíbrio, ou que de qualquer outro modo favorecem a sobrevivência ou a reprodução (saciedade, atendimento do desejo sexual, conforto térmico etc.), conduzem a sentimentos ou sensações de prazer ou satisfação. Daí decorrem os *julgamentos* de tais situações como boas ou ruins, criando-se ou acessando-se, a partir do reino do ser, o reino do dever ser. Talvez mesmo a moral tenha, biologicamente, origem que confirma a filosofia utilitarista, embora não necessariamente se restrinja a ela.

A falta de um corpo, e de mecanismos naturais destinados a conduzir o indivíduo ao equilíbrio necessário à manutenção desse corpo, dificulta, para as máquinas, a tarefa de formular e aplicar juízos deontológicos, ou juízos de valor. De criar, ou acessar, o mundo, ou o reino, do dever ser.

Sentimentos morais e emoções, com sua base biológica e corporal, diferentemente do que usualmente se pensa, são fundamentais ao processo decisório. Estudos realizados em indivíduos vítimas de lesões em áreas do cérebro responsáveis por emoções, ou por sentimentos morais, evidenciam que estes tornam-se incapazes de tomar decisões, deitando por terra a ideia de que decisões corretas são aquelas tomadas friamente, vale dizer, sem a influência de qualquer emoção. Embora em excesso as emoções possam atrapalhar, sem elas a razão tampouco consegue dar peso, ou atribuir relevância, a quaisquer opções ou alternativas que se colocam, sendo assim incapaz de decidir por uma delas.[37]

É essencial, portanto, a aptidão de experimentar sentimentos e emoções, as quais permitem o exercício da intuição, ou do que Kahneman chama de "Sistema 1", por intermédio da qual o agente decisório atribui peso, ou relevância, às opções ou alternativas que se lhe colocam.[38] Os julgamentos morais que os seres humanos fazem de modo intuitivo, sentindo que algo é certo, ou errado, e só depois buscando razões (nem sempre de modo exitoso) para suas decisões, são mostra eloquente disso.

Essa aptidão, em face da qual intuitivamente se fazem julgamentos morais, subjaz também a julgamentos calcados em normas jurídicas. Sendo um processo intuitivo, que faz o agente decisório chegar, de modo nem sempre consciente, à

---

37. DAMÁSIO, António R. *O erro de descartes*. Emoção, Razão e Cérebro Humano. 2. ed. São Paulo: Companhia das Letras, 2010, p. 205.
38. GREENE, Joshua. *Moral tribes*. New York: Penguin Press, 2013, *passim*.

conclusão, e depois buscar razões que as amparem, ele por igual atua em julgamentos amparados em normas jurídicas. O que muda é a fonte onde se buscam argumentos legitimadores do julgamento intuitivo, julgamento este que pode eventualmente ser modificado ou corroborado por tais fundamentos.

Além da intuição, o ser humano possui outra aptidão essencial à realização de julgamentos, ou ao exercício do raciocínio jurídico em geral. Trata-se da imaginação, ou da capacidade de realizar simulações mentais. O leitor pode estar em uma sala, mas tem a capacidade de imaginar-se em uma praia, e, nesse processo de simulação mental, "ver", com os olhos da mente, o sol brilhando, a pele ardendo, e até o cheiro de maresia vindo do mar. São essas simulações que permitem ao agente decisório visualizar as situações que são levadas ao seu julgamento por intermédio da linguagem (de relatos), e, visualizando-as, simulando-as em sua mente, de algum modo vivê-las ou observá-las, permitindo que atuem as tais capacidades intuitivas.[39]

Em outras palavras, a intuição subjaz a julgamentos de situações que se colocam diretamente para os humanos, e a imaginação permite a estes fazê-la funcionar também sobre situações que não vivenciam diretamente, mas que lhes são trazidas por intermédio da linguagem. Duas capacidades que as máquinas, por enquanto, não têm. Se se espera que decidam, devem-se projetar meios para que isso ocorra, sabendo-se dessas deficiências.

3.3 TEORIA DO DIREITO E IA: AGENTES INTELIGENTES QUE DEVEM "PLAY BY THE RULES"?

Tudo o que se abordou até este ponto, relativamente à falibilidade do conhecimento – natural ou artificial –, às insuficiências do raciocínio indutivo, e ao papel das emoções e dos sentimentos na formação do "senso comum" necessário à tomada de decisões, reflete-se na difícil tarefa de fazer com que máquinas compreendam o significado de normas jurídicas, identifiquem as situações de fato às quais elas se aplicam, e deduzam quais consequências são devidas em virtude da incidência das primeiras sobre as segundas.

A inteligência artificial, neste ponto, evidencia as dificuldades inerentes a um processo que muitas vezes passa despercebido aos seres humanos, que o levam a efeito de modo intuitivo, sem se dar conta de nuances, particularidades

---

39. BROZEK, Bartosz. The Architecture of the Legal Mind. In. BROZEK, Bartosz; HAGE, Jaap; VINCENT, Nicole A. (Ed.). *Law and mind*: A survey of Law and the Cognitive Sciences. Cambridge University Press, Cambridge, 2021, p. 162.

e operações cognitivas que só quando se tentam projetar máquinas que as levem a efeito são trazidas à luz.

Há, neste particular, duas ordens ou categorias de problemas diferentes, conquanto relacionados.

A primeira reside nos que orbitam a atividade de conhecer as situações de fato subsumíveis à incidência das normas jurídicas, identificando-as em seus elementos relevantes, bem como de reconhecer e interpretar as normas que lhe são aplicáveis.

A segunda, por sua vez, gira em torno da plenitude do ordenamento jurídico, e da discussão, dela decorrente, relativamente a saber se: (i) existe uma norma específica prescrevendo um tratamento ou consequência jurídica à situação examinada; ou se (ii) deve ser aplicada uma norma geral pertinente a todas as situações não expressamente previstas em normas específicas; ou ainda se, (iii) adotando-se essa segunda solução, cria-se incongruência ou contradição interna e inaceitável no ordenamento jurídico, o que reclamaria o recurso à integração, por métodos de colmatação da lacuna assim identificada, dando se ao caso solução diversa da que decorreria da aplicação da norma geral.

Essas são tarefas, como várias outras levadas a efeito com relativa facilidade por humanos, que podem ser muito difíceis para máquinas. *Easy things are harder.* O relevante, aqui, é entender como são desempenhadas por humanos, seja para que se possam produzir máquinas que as consigam realizar, seja para que nós humanos as possamos fazer de modo mais consciente e, assim, aprimorado.

3.3.1 Identificação do suporte fático de normas e compreensão do sentido destas

Duas situações de fato, havidas em lugares ou momentos diferentes, serão sempre distintas, embora possuam eventualmente elementos de semelhança. Em termos mais simples, sempre poderão ser consideradas iguais, em alguns aspectos, ou diferentes, em outros. Tudo dependerá do critério utilizado para compará-las. Serão sempre, em certo sentido, análogas.

É o que se dá entre a situação hipotética prevista no suporte fático de uma norma jurídica, e as situações concretas, ocorridas no mundo fenomênico, sobre as quais essa norma pode ser considerada como *incidente*. Aquele que elabora a norma imagina situação de fato, e a valora, como boa, ou ruim, desejável, ou indesejável, e então associa a ela uma consequência jurídica, a saber, de fazê-la proibida, ou obrigatória, associando sua prática, ou a omissão em praticá-la, à aplicação de uma sanção; ou facultativa, deixando aquele que a leva a efeito livre para incorrer nela ou não, e impedindo terceiros de interferir nisso. Quando, no futuro, ocorram situações equivalentes àquela descrita na hipótese normativa, diz-se que a norma sobre elas incide.

A situação de fato ocorrida no mundo fenomênico, note-se, é apenas *equivalente* àquela constante da hipótese normativamente descrita. Para saber se a situação de fato enquadra-se, ou não, na hipótese normativa, colocam-se questões interpretativas referentes a uma e a outra, vale dizer, tanto é preciso delimitar o significado dos termos que descrevem a hipótese normativa, como compreender e interpretar[40] – para saber se neles se amoldam – as características da situação de fato efetivamente ocorrida. É muitas vezes difícil inclusive separar esses dois momentos, o que se dá não apenas no Direito, mas também em relação a outros sistemas de normas.

Veja-se, a título ilustrativo, o futebol, e discussões que às vezes se colocam sobre se determinado lance configura pênalti, ou não. Se um jogador tem a mão próxima ao corpo, e a bola é chutada em sua direção, atingindo seu tronco e, com ele, sua mão que estava próxima, pode-se discutir o fato, a saber: houve a intenção de atingir a bola com a mão? A bola realmente foi desviada de modo significativo pelo impacto com a mão? Mas também ocorre de a discussão girar em torno da significação da hipótese normativa: a regra do futebol define como infração aquele tipo de choque entre a bola e a mão do jogador? Quem já se envolveu em discussões deste naipe sabe que é muitas vezes difícil separar um aspecto do outro.

Superada essa dificuldade, interpretados e identificados os contornos da descrição normativa de uma hipótese, bem como da situação de fato efetivamente ocorrida no mundo fenomênico, põe-se a questão de saber se a segunda se subsume à primeira, ou seja, se representa a ocorrência ou a concretização desta. Para tanto, é preciso observar o que a descrição normativa considera relevante para ensejar a incidência da norma, e identificar, na situação de fato efetivamente ocorrida, se tais elementos normativamente descritos estão concretamente presentes. Nessa análise da situação de fato, será preciso abstrair, ou ignorar, elementos ou características que a norma não mencionou, e que por isso não são relevantes. Mas será importante ter atenção para aqueles elementos que a norma tampouco mencionou, mas que podem ser capazes de afastar sua incidência.

---

40. Até porque situações de fato também se interpretam. Cf. TROPER, Michel. *A filosofia do direito*. Trad. Ana Deiró. São Paulo: Martins Fontes, 2008, p. 134.

Como já se salientou em outros pontos deste livro, há larga semelhança entre esse processo, de interpretação e aplicação de normas, e o processo de uso da linguagem. A partir da observação de situações, o ser humano constrói conceitos destinados a designá-las, a partir de elementos que elas têm em comum. Depois, tais conceitos são aplicados a situações futuras, quando tenham, por igual, presentes os mesmos elementos. E do mesmo modo, nesse processo, coloca-se o problema de delimitação do significado do conceito, e de determinação do enquadramento, ou não, neste conceito, de situações concretas, a partir da presença suficiente de tais elementos.

As dificuldades desse processo se colocam de modo mais evidente para as máquinas, justamente porque o relevante, nele, é identificar o que é importante, na criação e na delimitação da ideia abstrata, e, em seguida, na aplicação desta a situações subsequentes. Daí decorre a chamada textura aberta[41] da linguagem natural, em face

---

41. A expressão "textura aberta" é geralmente atribuída a Hart (HART, Herbert L. A. O conceito de direito. Trad. A. Ribeiro Mendes. 3. ed. Lisboa: Calouste Gulbenkian, 2001, p. 139), mas essa autoria é disputada também por Benjamin Cardoso. Cf. ENDICOTT, Timothy A. O. Vagueness in law. Oxford.

da qual as máquinas – e mesmo os humanos, embora em menor medida – enfrentam tantas dificuldades. Vaguidade, ou a ausência de limites precisos no significado de uma palavra, e ambiguidade, ou o fato de que uma mesma palavra pode designar coisas diferentes, são inelimináveis;[42] só à luz do contexto é possível afastá-las, ponderando fatores e elementos que, para as máquinas são de muito difícil identificação.

Só se sabe se "careca" designa uma pessoa calva, ou um pneu automotivo desgastado, por exemplo, à luz das circunstâncias concretas em que a palavra é utilizada, que podem mesmo indicar, com bastante obviedade, tratar-se de um significado ainda diverso destes dois aqui usados como exemplo. Não se pode, abstratamente e *a priori*, eliminar essa imprecisão, passível de afastamento apenas diante de cada contexto em que empregada a palavra.

Na mesma ordem de ideias, amparado em John L. Austin,[43] Carrió lembra que com as palavras não apenas se designam parcelas da realidade. Com elas também se *fazem* coisas.[44] Por seu intermédio as pessoas prometem, seduzem, ameaçam, ofendem, agridem, batizam, elogiam etc., sendo por igual o contexto que definirá, com a necessária clareza, se alguém está fazendo uma previsão, ou uma promessa; se agride ou elogia, ou se com o elogio tenta seduzir ou enganar.

Daí por que, quando o contexto de aplicação de uma regra é muito semelhante àquele idealizado pelo legislador quando redigiu o texto que a veicula, têm-se casos que podem ser considerados "fáceis". Quando o contexto de aplicação se modifica, surgem situações de penumbra, a dificultar o trabalho dos intérpretes, instados a recorrer a elementos extratextuais (se considerado apenas o texto da regra) para auxiliar a determinação do sentido.[45] Mas até para identificar se o contexto idealizado pelo legislador é, ou não, análogo àquele ao qual se perquire sobre se ela é ou não aplicável, é preciso identificar o que é *relevante* em um e em outro, em analogia – talvez subjacente à própria ideia de racionalidade – que as máquinas têm muita dificuldade em fazer.

Oxford Univesity Press. 2000, p. 8, sendo certo que mesmo Hart partiu das ideias de Waismann, que de seu turno parte de Wittgenstein. Cf. BIX, Brian. *Law, Language and Legal Determinacy*. Oxford: Clarendon Press, 2003, p. 7.

42. CARRIÓ, Genaro. *Notas sobre Derecho y Lenguage*. 6. ed. Buenos Aires: Abeledo Perrot, 2011, p. 36. No mesmo sentido: AVILA, Humberto. *Teoria da indeterminação no Direito*. Entre a indeterminação aparente e a determinação latente. São Paulo/Salvador: Malheiros, Juspodivm, 2022, p. 123.

43. AUSTIN, John L. *How to Do Things with Words*. The William James Lectures delivered at Harvard University in 1955. Oxford UP, 1962, passim.

44. CARRIÓ, Genaro. *Notas sobre Derecho y Lenguage*. 6. ed. Buenos Aires: Abeledo Perrot, 2011, p. 19-21.

45. Por isso mesmo, pode-se dizer que a "clareza" de um texto legal decorre da falta de imaginação do intérprete, incapaz de pensar em situações futuras, diversas daquelas tidas como "padrão" pelo idealizador da norma, nas quais seu sentido, alcance e aplicabilidade não seriam assim tão nítidos. Cf. PERELMAN, Chaïm. *Lógica jurídica*. Trad. Vergínia K. Pupi. São Paulo: Martins Fontes, 2000, p. 51.

Embora pelo menos desde o Crátilo,[46] de Platão, a humanidade debata a respeito da origem do significado das palavras, estudos contemporâneos de Teoria da Cognição e de Inteligência Artificial têm lançado novas luzes sobre o tema. É interessante observar o que se tem defendido nessas áreas. No Crátilo, Platão introduz a problemática de saber se as palavras têm um significado prévio, dado pela natureza, cabendo aos seus usuários apenas descobri-lo, ou se se trata de uma convenção, cabendo aos falantes definir o significado das palavras que usam em cada contexto, arbitrariamente. E, ao fazê-lo, usando a figura de Sócrates, demonstra que ambas as posições – no texto defendidas por Hermógenes e Crátilo – são equivocadas, embora, como invariavelmente se dá nos diálogos platônicos, Sócrates termine por abandonar a cena sem dar ao problema uma solução. Mas note-se que Crátilo e Hermogenes defendem exatamente os extremos de um "falso dilema" apontado por Carrió: ou tudo está previamente definido, cabendo apenas descobrir, ou há ilimitada liberdade por parte de quem os maneja.

No Século XX, notadamente em virtude da obra do segundo Wittgenstein,[47] ganhou corpo a ideia de que as palavras adquirem significado no contexto em que são usadas, no âmbito dos chamados jogos de linguagem. Usos anteriores fornecem indicativos, ou pistas, dos significados que podem ter a cada novo contexto, acrescentando ou enriquecendo os significados possíveis, mas elementos novos podem alterá-los em seu sentido e alcance. Já no início do Século XXI, quando se começam a aprimorar máquinas minimamente capazes de interpretar e compreender a linguagem natural – escrita ou falada – a maneira como esse processo ocorre começa a ficar ainda mais visível.

O significado de uma palavra é criado, ou determinado, por meio de analogias. É a presença de um mesmo *elemento relevante* em diferentes situações, objetos, ideias, ações, enfim, pensamentos, que faz com que a mente humana crie ou aprenda uma associação a uma palavra para designar aquele conjunto de coisas que têm o elemento relevante em comum. Mas, por analogia, a presença desse mesmo elemento relevante, em maior ou menor medida, em outras realidades, pode fazer com que para designá-las também se faça uso dessa palavra, que assim vai mudando de sentido ao longo do tempo. A mente humana identifica semelhanças entre diferentes objetos, ações, situações ou realidades – culturais, naturais, biológicas etc. – e constrói, por raciocínio analógico, conceitos ou categorias, destinadas a identificar ou permitir a referência a tais objetos.[48] Em

---

46. PLATÃO. *Obras completas*. 2. ed. Madrid: Aguilar, 1993.
47. WITTGENSTEIN, Ludwig. *Investigações filosóficas*. Trad. José Carlos Bruni. São Paulo. Nova Cultural, 2000, passim.
48. HOFSTADTER, Douglas; SANDER, Emmanuel. *Surfaces and essences*. Analogy as the fuel and fire of thinking. New York: Basic Books, 2013, p. 5.

seguida, tais conceitos e categorias são aplicados, ou utilizados, para referir objetos (ou situações, qualidades ou ideias) semelhantes, equivalentes ou análogos. A questão é que não existe total identidade entre os objetos, qualidades ou ideias, seja entre os que foram observados na construção do conceito, seja entre aqueles aos quais o conceito será aplicado depois. Daí por que o significado das palavras se altera com o tempo, evolui,[49] e existem as apontadas zonas de penumbra; o que se dá não só com tipos, mas talvez mesmo com conceitos,[50] que muitas vezes, embora não se perceba, são usados como tipos, tornando sem muito sentido a própria distinção, salvo no que tange às realidades geométricas ou matemáticas.

Exemplificando, uma criança, nos seus primeiros meses de vida, associa a pessoa que lhe traz alimento, acolhimento, proteção e carinho à palavra mãe, sendo invariavelmente uma das primeiras que aprende a balbuciar. Para ela, mãe é aquela pessoa, e ninguém mais.

Com o tempo, além de aprender que outras pessoas de seu convívio se identificam por outras palavras (pai, tia...), essa criança pode, talvez quando começar a entrar em contato com outras crianças, descobrir que elas chamam outras pessoas de mãe. E mesmo que sua avó é a mãe da sua mãe. Pode-se dizer que, com isso, começa a se formar lentamente o conceito para ela, que passa a conseguir aplicá-lo a outras pessoas diversas de sua própria mãe.

Seria esse um "conceito fechado"? Mãe é o ser humano do sexo feminino que gerou o filho em seu útero?[51] Certamente não é assim que o significado da palavra surge, e, ainda que o fosse, ele não daria conta dos inúmeros outros usos que ela, com o tempo, sempre por analogia, passa a receber: mãe adotiva, mãe de aluguel, placa mãe do computador, nave mãe, orientador que é verdadeira mãe com seus alunos...

---

49. Por isso, "each concept in our mind owes its existence to a long succession of analogies made unconsciously over many years, initially giving birth to the concept and continuing to enrich it over the course of our lifetime." HOFSTADTER, Douglas; SANDER, Emmanuel. *Surfaces and essences*. Analogy as the fuel and fire of thinking. New York: Basic Books, 2013, p. 3.

50. Schauer, ao afastar teorias que buscam apenas o que é "essencial" ao Direito, em um raciocínio voltado para conceitos fechados, afirma: "The nature or essence of any concept might sometimes, often, or always be a cluster of interrelated properties, none of which is individually necessary. Or it may be that the concept, category or institution of law, at least has no essence, it being too diverse a collection of phenomena to be captured or explained by one or more necessary properties." SCHAUER, Frederick. *The force of Law*. Cambridge: Harvard University Press, 2015, p. 4.

51. Esse parece um conceito fechado, construído com o propósito de dar maior precisão ao uso da palavra. Mas a precisão, abstratamente considerada, é ilusória, pois os termos que integram o conceito por igual demandariam definição e contém potencial vaguidade. Aplica-se apenas a seres humanos? Se a criança é gerada no útero de uma mulher, mas decorre de óvulo colhido de outra mulher? De novo, com Perelman, podemos dizer que a clareza, em abstrato, decorre da falta de imaginação para pensar em casos concretos nos quais dita clareza poderia desaparecer.

A leitora pode mesmo observar a maneira como usa as palavras, e, às vezes, em grupos de amigos, surgem palavras novas, neologismos que são o fruto, ou instrumento, de piadas internas. Imagine-se que em um grupo de amigos, universitários com poucos recursos para gastar em festas na noite, um deles, de nome Luís, quando vão todos a um restaurante dispostos a dividir a conta, tem o hábito pedir o prato mais caro do cardápio. Esse fato é observado pelos amigos. Em outra ocasião, na qual Luís sequer teve como acompanhar a turma em uma visita a um novo restaurante, outro deles, de nome José, faz seu pedido, e os demais observam que se trata do prato mais caro do cardápio. Então perguntam, rindo: "Vai *'Luisar'*, José?"

Note-se que não se trata de uma questão apenas jurídica. Não há como se definir previamente, de forma inalterável, e exauriente, o significado de nenhuma palavra que se reporte à realidade fenomênica. Trata-se de algo intrínseco à linguagem natural, por meio da qual se expressam as normas. E isso decorre da constatação de que as realidades futuras não são inteiramente previsíveis. Não se pode antecipar, na definição do significado de uma palavra (e, *a fortiori*, de uma norma que se expressa por palavras), em quais contextos futuros ela terá sua aplicação suscitada. A vaguidade, aliás, é muitas vezes desejável.[52]

Mas note-se que o fato de não existirem limites rígidos, predefinidos e inalteráveis nos significados de uma palavra não significa que esses limites não existam em absoluto, e muito menos que caiba ao arbítrio de quem usa as palavras manejá-los como quiser. O significado é determinado no contexto, mas este, o contexto, é determinante.[53] Não se trata de deixar as coisas ao sabor da vontade do intérprete.

Imagine-se, por exemplo, a palavra "velho". Se usada para designar crianças que não podem jogar na seleção de futebol de seu clube, na categoria "Sub-9", se pode dizer que se aplica a indivíduos de 11 anos. Se se estiver falando de um Ministro de uma Corte Superior, já na casa dos 45, se pode dizer que a ele não se aplica, por ser jovem *para ser ministro*. Se a palavra for usada entre amigos de uma turma, uns com os outros independentemente da idade, ter-se-á um cumprimento. E se for o filho falando que naquele dia está triste porque teve uma discussão com "seu velho", não depende da vontade do intérprete saber se que ele se refere ao próprio pai. Nenhuma dessas modificações no significado da palavra velho, em cada contexto, depende da arbitrariedade dos falantes, podendo-se dizer mesmo que eles são vinculados ou limitados pelo contexto a encontrar aquele,

---

52. Tanto na comunicação humana em geral (Cf. DEEMTER, Kees Van. *Not exactly.* In Praise of vagueness. Oxford: Oxford University Press, 2010, p. 1-7.), como no Direito, em particular, no qual o excesso de precisão pode, paradoxalmente, ensejar por igual arbitrariedade. Cf. ENDICOTT, Timothy A. O. *Vagueness in law.* Oxford. Oxford Univesity Press. 2000, p. 97 e 192.

53. ENDICOTT, Timothy A. O. *Vagueness in law.* Oxford. Oxford Univesity Press. 2000, p. 20.

e somente aquele significado. Apenas não se pode dizer que tal significado pode ser prévia e precisamente definido unicamente a partir do texto.

É por isso que as máquinas têm tanta dificuldade em interpretar textos simples, por não terem o *senso comum* necessário a que, de modo intuitivo, possam perceber, no contexto, elementos que sinalizam o sentido a ser dado às palavras e expressões a serem interpretadas. Em um sistema aberto a infinitas possibilidades, o futuro nunca é inteiramente igual ao passado, motivo pelo qual eventos impossíveis de serem antecipados e previstos – na aplicação de uma norma, ou mesmo no uso de uma palavra – são difíceis para as máquinas, diversamente, por exemplo, do que se dá em sistemas fechados e previsíveis (desde que haja elevado poder de cálculo das possibilidades, que são muitas mas limitadas) como o xadrez, jogo no qual computadores se tornaram insuperáveis há algum tempo. Ao tentar criar máquinas capazes de lidar com sistemas abertos – como é o caso da realidade e da linguagem natural que a refere – o ser humano termina por racional e conscientemente perceber o processo que ele próprio leva a efeito, até então de modo intuitivo, sendo por isso que a ciência da computação, nessa parte, tem muito a aprender com a hermenêutica, e vice-versa, estando ambas a integrar, junto com tantas outras, o leque das chamadas "ciências cognitivas".[54]

A mente humana parece aplicar, na determinação do sentido das palavras que usa e ouve, método falibilista, semelhante ao que se emprega na compreensão da realidade fenomênica em geral, e que, no conhecimento, deve pautar o método científico. Como não se tem – e nunca se terá – plena e absoluta certeza de se ter chegado a um resultado correto, buscam-se razões suficientes para fundamentar a crença que se tem (de que o significado da palavra em determinado contexto é "X", ou de que a natureza de um corpo celeste é "Y", ou que as causas de uma crise são "Z"), mas mantendo-se aberto para, diante de novas evidências, de atualização nas informações até então obtidas, se alterar aquela conclusão.

Interessante notar que a indução, como forma de se realizarem inferências lógicas, é problemática exatamente por isso, por não se poder garantir que o futuro será igual ao passado[55] (cf. item 3.1.2, supra). Recorde-se a figura do "peru indutivo", usada por Bertrand Russel para ilustrar o problema da indução, tendo a ave a certeza, pela observação empírica da realidade, que todos os dias em determinado horário seria alimentada. Essa certeza, decorrente da indução, foi contrariada na véspera de Natal, quando a ave, esperando receber a refeição diária, foi em verdade abatida e levada ao forno. É esse o motivo, aliás, pelo qual, mesmo

---

54. BROZEK, B; HAGE, Jaap; VINCENT, Nicole. *Law and Mind*: A Survey of Law and the Cognitive Sciences. Cambridge: Cambridge University Press, 2021, passim.
55. POPPER, Karl. O problema da indução. In: MILLER, David (Org.). *Popper*: textos escolhidos. Trad. Vera Ribeiro. Rio de Janeiro: Contraponto, 2010, p. 101-115.

com grandes volumes de dados (*big data*), as máquinas, realizando inferências por indução, nem sempre conseguem chegar a resultados satisfatórios, nos mais variados campos, notadamente diante de situações novas e imprevisíveis.[56]

"Alta", em princípio, significa a designação de alguém com estatura acima da média. Mas quando novas informações são acrescentadas, dado o contato que o intérprete tem com o contexto – a amiga que disse "estou alta" depois de ter bebido algumas cervejas – o referido significado pode mudar. Mesmo depois da mudança, porém, a mente do intérprete continua aberta à possibilidade de novas informações novamente alterarem – ou confirmarem – a interpretação encontrada. Se se questiona: "Alta?", e amiga retruca: "sim, vou parar de beber", confirma-se que "alta" designa um pouco bêbada. Mas se a amiga diz: "Sim, esses saltos que você me emprestou são maravilhosos!", confirma hipótese diversa.

Imagine-se, em mais um exemplo, a palavra "social". Impressa em um convite para uma festa, certamente designa a forma como os convidados devem se trajar ("traje social"). Caso, porém, seja pronunciada pelo porteiro de um edifício residencial, no interfone, depois de anunciar a chegada de um pedido de *delivery* de refeição feito por um dos condôminos ("Está no social!"), ele pode sugerir que a embalagem com a comida está subindo pelo elevador social. Se o porteiro tem por hábito fazer essa gentileza ao morador, talvez na primeira vez tenha falado: "seu lanche está subindo pelo elevador social", mas, depois de umas duas ou três vezes em que isso se repete, apenas interfona e fala "social!", e o condômino *já sabe do que se trata*. Não é admissível, apenas por conta dessa pluralidade de sentidos *em tese* possíveis, que o intérprete "decida arbitrariamente" que "social", dito pelo porteiro, naquele contexto, significa um elogio ao condômino por ter muitos amigos.

Se a esposa diz ao marido: "– Amor, já que vai ao mercado comprar cerveja, se tiver leite, você traz cinco caixas?", uma máquina não saberia bem interpretar uma mensagem. Mas qualquer humano sabe que a esposa quer que, se tiver leite, o marido traga cinco caixas *de leite*. Máquinas talvez, diante da constatação visual de que há leite nas prateleiras do mercado, trouxessem cinco caixas de cerveja, e a *internet* está repleta de *memes* ilustrando equívocos interpretativos assim. O humor decorre da obviedade de que o marido não deveria, a luz do contexto, entender a frase, conquanto dúbia, do jeito que quisesse.[57] Deveria, à luz do

---

56. LASRON, Erik J. *The myth of artificial intelligence*: Why computers can't think the way we do. Cambridge, Massachusetts/London, England: The Belknap Press of Harvard University Press, 2021. Em suas palavras, "But all machine learning is a time-slice of the past; when the future is open-ended and changes are desired, systems must be retrained." (p. 140).

57. Há vários outros exemplos semelhantes, a indicar a maneira intuitiva – e por isso nem sempre percebida – como se fazem inferências a partir do contexto, ou usando elementos que estão para além do texto, para compreendê-lo, o que se mostra dificílimo para as máquinas. "Joan made sure to thank Susan for all the help she had given. Who had given the help? a) Joan; b) Susan". Ou então: "The town

contexto, ter trazido cinco caixas de leite, além das cervejas que eventualmente estivesse propenso a comprar.

É isso que se quer dizer quando se afirma que as palavras são vagas, e ambíguas, sendo o contexto que as define com precisão. O contexto, não o querer do intérprete.

Ainda sobre a identificação do que é relevante, e do que é acidental, na compreensão de realidades subsumíveis a conceitos abstratos, é interessante observar o que ocorre quanto ao reconhecimento de imagens. Quando executam essa tarefa, as máquinas precisam associar imagens a categorias que lhes são previamente fornecidas. A categoria, ou o conceito, ônibus, é associado a diversas fotografias que ilustram esse veículo, e a máquina se torna capaz de identificar – aplicando o conceito assim abstraído, de ônibus – outros veículos diversos daqueles usados no treinamento, mas que ainda assim reúnem características de ônibus.

Nesse ponto, é curioso notar *o que* as máquinas consideram "relevante" para identificar uma fotografia. Geralmente, elas consideram relevantes aspectos que nós humanos não consideraríamos pertinentes em absoluto, e ignoram aqueles que imaginaríamos essenciais. Treinadas para identificar fotos de animais, por exemplo, máquinas até conseguiram fazê-lo com alguma precisão, mas o *critério* que entenderam pertinente, a partir das fotos usadas para treiná-las, foi o fundo, ou o *background,* das fotos que retratavam animais.[58] No caso de fotografias de manchas de pele, um dos critérios que as máquinas encontraram para identificá-las como tumores malignos foi a presença, na foto de uma régua ao lado da mancha a ser avaliada, simplesmente porque aprenderam que a maior parte das fotos que lhes foram inicialmente apresentadas, no treinamento, como sendo de câncer de pele, continham réguas medidoras das manchas, ao passo que fotos de peles saudáveis, geralmente não.

Ou seja, as máquinas podem até muitas vezes acertar, quando identificam um ônibus, um semáforo ou uma motocicleta, mas nem sempre pelas razões corretas, o que amplia a possibilidade de erro, e, pior, dificulta a percepção, por parte delas, de que erraram. Não basta simplesmente mostrar-lhes dezenas, centenas ou mesmo milhares de imagens, esperando que a partir delas identifiquem o que seria "essencial" à formação do conceito ou da ideia utilizada para referir as realidades

---

councilors refused to give the angry demonstrators a permit because they feared violence. Who feared violence? a) The town councilors; b) The angry demonstrators." Para um humano as respostas são fáceis, para uma máquina, não. A leitora certamente pode apresentar razões, ancoradas em fatores extratextuais, pelas quais a resposta correta em ambos os casos é "b". LASRON, Erik J. The myth of artificial intelligence: Why computers can't think the way we do. Cambridge, Massachusetts/London, England: The Belknap Press of Harvard University Press, 2021, p. 166.

58. CHRISTIAN, Brian. *The alignment problem*. Machine Learning and human values. New York: W.W Norton and Company, 2020, *ebook*.

representadas nas tais imagens. Esse processo pode funcionar muitas vezes, mas será inábil para lidar com seus próprios erros. E se isso ocorre com a identificação de um ônibus, ou de um tumor maligno, a partir de imagens com as quais os sistemas são alimentados, imagine-se quando se trata de algo sensivelmente mais complexo, como a identificação de uma situação de fato subsumível a uma hipótese de incidência normativa. Situação "x" enquadra-se como homicídio qualificado? Como dano à imagem? Como renda tributável? Como despesa dedutível? No curto prazo, as máquinas ainda não podem fazê-lo, e o esforço em prepara-las para desempenhar essa tarefa pelo menos ensina, ou ilustra, aos humanos, detalhes delas que antes talvez passassem pouco percebidos, e cujo conhecimento é relevante mesmo para nós, humanos, as levarmos a efeito com maior eficiência, correção e proveito.

Não se trata, convém esclarecer, de um problema inerente ao Direito, à sua falta de cientificidade, ou à inabilidade de seus estudiosos de definirem significados claros e precisos para as normas por meio das quais este se exprime. Trata-se de um problema inerente à cognição, e à linguagem. Caso um veículo autônomo seja programado para parar diante de obstáculos que se colocam diante de si, o que deverá ser considerado como tal? O ar, que circunda o veículo, e tudo o mais que se encontra na atmosfera terrestre, em algum sentido é um obstáculo, oferecendo atrito ao deslocamento do veículo. Esse ar, inclusive, é o obstáculo que impede diversos corpos celestes de se chocarem contra a superfície da terra, os quais são queimados pelo calor do atrito com a atmosfera, quando caem no planeta. Mas, obviamente, o ar não deve ser considerado um obstáculo, para o efeito de fazer o veículo frear. Mas e quanto aos demais obstáculos? Uma pedra deve ser assim considerada? Que tamanho precisará ter? E um saco plástico? Se se tratar de um animal? Uma vaca? E uma formiga? O problema, em suma, refere-se ao próprio conhecimento da realidade, e à linguagem que a exprime, não a uma suposta deficiência, falta de precisão ou de cientificidade do Direito.

3.3.2 Plenitude do ordenamento e a questão das lacunas

Diversa, mas de algum modo relacionada, com a questão da identificação de fatos que correspondam às hipóteses de incidência das normas jurídicas que tiverem de aplicar, é a questão de identificar lacunas na ordem jurídica, e empregar critérios que as possam colmatar.

Sob um ponto de vista lógico,[59] é possível construir um ordenamento jurídico pleno, assim entendido aquele cujas normas preveem ou contemplam consequências jurídicas para todas as condutas verificáveis. Toda e qualquer conduta ou

---

59. ENGISCH, Karl. *Introdução ao pensamento jurídico*. Trad. J. Baptista Machado. 8. ed. Lisboa: Fundação Calouste Gulbenkian, 2001, p. 281.

situação terá, no ordenamento, uma resposta, ou uma consequência, associada à sua ocorrência.

Imagine-se um sistema jurídico – um conjunto coerente e harmônico de normas jurídicas – composto por 100.000 (cem mil) normas. Nelas, estão previstas 99.999 (noventa e nove mil, novecentas e noventa e nove) condutas, associando-se a elas consequências jurídicas.

Norma 1 — *Se ocorrer situação S_1, é devida a consequência C_1.*

Norma 2 — *Se ocorrer situação S_2, é devida a consequência C_2.*

Norma 3 — *Se ocorrer situação S_3, é devida a consequência C_3.*

(...)

Norma 99.999 — *Se ocorrer situação $S_{99.999}$, é devida a consequência $C_{99.999}$.*

Ao cabo dessas 99.999 normas, edita-se a 100.000.[a], dispondo o seguinte:

Norma 100.000 — *Se ocorrer qualquer situação não prevista nas 99.999 normas anteriores, é devida a consequência $C_{100.000}$.*

A consequência $C_{100.000}$ é, geralmente, a licitude. As condutas não expressamente associadas, por outras normas, a obrigações, ou a proibições, são simplesmente facultadas. Não há normas prevendo que cor de camisa devemos usar em um domingo de manhã, ou se devemos comprar uma caixa de chicletes quando chegamos à faculdade em uma segunda-feira à noite, ou qual sabor tais chicletes devem ter. Não há normas cuidado de tais assuntos, de modo expresso, o que os sujeita à aplicação da norma geral segundo a qual todas as condutas não expressamente obrigadas ou proibidas ao cidadão são-lhe facultadas. Todas. O que significa dizer que, sob um prisma lógico, estivesse uma máquina a aplicar tal sistema de regras, pondo de lado a dificuldade apontada no tópico anterior (de identificação das próprias hipóteses de incidência), ela encontraria, no sistema, solução para todo e qualquer problema que se lhe apresentasse.

Sob esse prisma, é possível construir um ordenamento jurídico desprovido de lacunas. A norma acima imaginada, de número 100.000, dá-lhe fechamento, pois toda e qualquer conduta não prevista nas anteriores subsume-se ao seu comando, que é de permissão. Sob um ponto de vista lógico-formal, um ordenamento assim é pleno, ou seja, não possui lacunas.

A questão, porém, não é tão simples quanto parece, pois pode ocorrer de, da aplicação da tal norma permissiva de número 100.000, criar-se uma situação de contradição, ou incongruência dentro do sistema. Isso porque as demais normas do sistema podem prestigiar determinados fins, ou valores, que a aplicação da norma permissiva, à situação não prevista expressamente nas demais, eventualmente poderá contrariar. Cria-se com isso um "momento de incongruência", pois o sistema se torna contraditório do ponto de vista axiológico,[60] ou valorativo: para uma conduta X, a consequência pode ser a aplicação de um castigo, em virtude de valores que são contrariados por quem realiza tais condutas, mas para a conduta Y, que também contraria os mesmos valores, mas em relação à qual não há previsão específica em qualquer outra norma, que a associe a algum castigo, a aplicação da norma permissiva de número 100.000 faz com que seja permitida.

São situações assim, nas quais a aplicação da norma geral permissiva é *indesejada,* por criar contradições sistêmicas, que evidenciam a incompletude axiológica do ordenamento. Em hipóteses desse tipo, nas quais não há disposição específica, mas o sistema, em seu conjunto, conduz à conclusão de que *deveria haver,* diz-se que se está diante de uma *lacuna.*

Essa breve recapitulação de noções básicas de teoria geral do direito evidencia que:

(i) a identificação de lacunas demanda a consideração de valores, objetivos, propósitos ou fins, que se pretendem atingir com as normas. Só assim se pode perceber quando é desejável, e quando é indesejável, a aplicação de uma norma geral permissiva;

(ii) para além da dificuldade em identificar se uma situação está, ou não, abrangida pela hipótese de incidência de uma norma a ser sobre ela aplicada, tais constatações evidenciam a essencialidade de se considerarem valores, também, para que se possa identificar se uma situação, embora em tese subsumível a uma norma geral permissiva, não seria melhor – a luz do ordenamento, não dos valores subjetivos do intérprete – regulada por uma norma específica, que não existe.

Para identificar uma lacuna, portanto, é preciso saber identificar e compreender valores, objetivos ou fins, os quais subjazem nas demais normas constantes de uma ordem jurídica. Para colmatá-la, aplicando outras normas existentes para situações parecidas, ou análogas, tornando assim o ordenamento *completável,* é preciso ainda identificar o que a situação para a qual não há norma específica,

---

60. Daí dizer-se que do ponto de vista axiológico ele é completável. Cf. BOBBIO, Norberto. *Teoria do Ordenamento Jurídico.* 10. ed. Trad. Maria Celeste Cordeiro dos Santos, Brasília: Editora UNB, 1999, p. 114.

e aquela outra, para a qual há, têm em comum, como *elemento relevante*. Aqui, de novo, valores e fins se fazem indispensáveis, algo que precisa ser levado em conta por quem almeja construir máquinas capazes de realizar tais tarefas, ou pelo menos auxiliar seres humanos quando estes as levam a efeito.

3.3.3 *Distinguishing, overulling* e raciocínio indutivo

Há um outro aspecto do raciocínio jurídico, executado muitas vezes intuitivamente por seres humanos, que se precisa compreender em seu funcionamento lógico interno para se avaliar se e como máquinas o podem também realizar. Trata-se da aplicação de precedentes, e das noções de distinção e superação, essenciais ao manejo destes.

Entende-se por precedente, aqui, a decisão anterior, no âmbito da qual fatos e normas tiveram de ser interpretados, e na qual se apresentaram razões para se conferir este ou aquele tratamento à situação posta. Em virtude do princípio da igualdade, presente na generalidade dos ordenamentos jurídicos modernos, segundo o qual situações equivalentes devem receber tratamento equivalente, o precedente fornece importante orientação sobre como novas situações, análogas àquela em que ele fora construído, devem ser tratadas.

Não se pretende, aqui, aprofundar a teoria dos precedentes, sua definição, fundamentos, e motivos pelos quais devem ser respeitados.[61] O relevante, aqui, é lembrar que, em um ambiente em que decisões devem ser fundamentadas, será preciso apontar razões para dar a situações aparentemente semelhantes, tratamento diferente. Suponha-se que um pai possui dois filhos, sendo um deles dois anos mais velho que o outro. Quando o mais velho completa dezoito anos, ganha de presente de aniversário um carro. Dois anos depois, quando o filho mais novo completar também dezoito anos, é possível que espere, de seu pai, também um carro de presente. O pai até pode não dar o carro ao filho, mas deverá explicitar por que o tratamento dado ao irmão precisa ser alterado, seja de forma integral, seja de forma excepcional. Pode explicar ter concluído que dar carros aos filhos que completam dezoito anos é um erro, que nunca mais cometerá, e que o irmão mais velho inclusive deverá vender o seu. Ou pode salientar que o irmão ganhou o carro por ter completado dezoito anos e ter sido aprovado para ingresso em uma universidade prestigiosa, não sendo esta segunda condição sido implementada pelo irmão mais novo.

---

61. Para tanto, confira-se LOPES FILHO, Juraci Mourão. *Os precedentes judiciais no constitucionalismo brasileiro contemporâneo*. Salvador: Juspodivm, 2014, que inclusive adverte que a comparação de precedentes não pode seguir mero critério subsuntivo, devendo se dar "em padrões amplos, em que se consideram o Direito, as consequências sociais e jurídicas, o contexto político, social, econômico, a teoria dominante etc." (p. 426)

Em linhas gerais, trata-se do que, em teoria dos precedentes, se conhece por *distinguishing*, e por *overrulling*. Ou, no vernáculo, por superação ou distinção de precedentes, nas quais se aponta, no primeiro caso, o motivo pelo qual o entendimento anterior será abandonado, ou, no segundo, as razões pelas quais é necessário excepciona-lo, vale dizer, embora ele continue sendo adotado e considerado correto, naquela situação há particularidades que afastam sua incidência.

O manejo de precedentes, nessa ordem de ideias, demanda a capacidade de identificar situações às quais eles são aplicáveis, o que envolve dificuldade semelhante àquela presente na identificação das hipóteses de incidência das normas jurídicas em geral, examinada em momento anterior deste livro. Mas, no caso da superação e da distinção, colocam-se dificuldades adicionais, aliás presentes também na aplicação de regras, que podem por igual ser objeto de exceções (que não raro lhes são implícitas), e de superações.

Raciocinando por indução, partindo de casos anteriores para neles encontrar os critérios para tratar casos futuros, sistemas de inteligência artificial serão inteiramente inábeis para realizar tais operações, que demandam a consideração não apenas dos juízos de valor subjacentes aos precedentes, mas principalmente de fatores externos ou alheios a eles, notadamente quando se trata de lhes estabelecer exceções ou, principalmente, determinar sua superação.

Atualmente, sistemas inteligentes auxiliam tribunais a identificar os assuntos discutidos nos recursos que chegam para a sua apreciação, associando-os aos precedentes da Corte, e mesmo minutando decisões, que se limitam a aplicar tais precedentes. Para tais tarefas repetitivas, que antes eram desempenhadas por assessores ou estagiários, o sistema certamente é muito útil, notadamente pela rapidez com que pode leva-la a efeito, no que tange a um grande volume de processos.[62] Mas é preciso ter em mente sua completa inabilidade, do ponto de vista lógico e epistemológico, para excepcionar ou superar os precedentes que é programado a aplicar. Isso torna imperiosa a revisão humana.

Mas como exigir que um ser humano revise todos os julgados, se isso deita por terra a principal vantagem do uso de tais sistemas, que é a rapidez com que se julga um enorme volume de casos? É evidente que o julgador humano, que assinará as minutas de julgamento elaboradas pela máquina, não as poderá ler

---

62. Como observa Fernanda Lage, atualmente, tanto no Supremo Tribunal Federal como no Superior Tribunal de Justiça, usam-se algoritmos destinados basicamente a identificar os temas dos processos, além de outras tarefas repetitivas, de sorte a diminuir o trabalho repetitivo e melhorar a gestão do tempo nas cortes. Cf. LAGE, Fernanda de Carvalho. *Manual de Inteligência Artificial no Direito Brasileiro*. 2.ed. Salvador: Juspodivm, 2022, p. 142-143. Trata-se, nas palavras da autora, de IA NO Tribunal, e não IA COMO Tribunal.

todas, e conferir com o conteúdo de cada processo, pois isso tiraria boa parte da vantagem do uso do sistema informatizado.[63] O que se espera, nesse contexto, é que pelo menos julgadores humanos apreciem e julguem, sem antipatia ou desconfiança, os recursos que venham a ser interpostos em face destas decisões, sobretudo quando neles não se pretender rediscutir o mérito da tese subjacente ao julgado, mas sua aplicabilidade ao caso específico.

3.4 AGENTES INTELIGENTES COMO OBJETO DA APLICAÇÃO DO DIREITO

3.4.1 Carros autônomos (ou semiautônomos) e o "trolley dilema" revisitado

Para além do uso da inteligência artificial na aplicação de normas jurídicas, podem ser suscitados, ainda, questionamentos ligados ao uso de agentes inteligentes como objeto da aplicação do Direito. Vale dizer, não como aplicadores, ou auxiliares dos aplicadores do direito, mas como aqueles que devem observar as normas jurídicas, ou se submeter à sua aplicação.

Na medida em que sistemas inteligentes começam a interagir com seres humanos, coloca-se a questão de saber quem é responsável por seus atos.[64] Como tais sistemas não têm, ainda, personalidade jurídica, não sendo titulares de direitos e obrigações, não podem, por enquanto, ser responsabilizados por danos que venham a causar, assim como por igual não fazem jus aos proventos que vierem a obter. Seriam seus "donos" os titulares de direitos e obrigações, assim como ocorre com animais.

Realmente, se alguém é proprietário de um cão, e ele ganha competições esportivas, a titularidade do respectivo prêmio cabe ao dono, não ao cão. Do mesmo modo, se o animal agride terceiros, será o proprietário o responsável pelos danos correspondentes. A mesma lógica aplica-se, por enquanto, aos sistemas inteligentes. Diz-se por enquanto porque, se tais sistemas vierem, um dia, a efetivamente adquirir consciência, passando a ser dotados de direitos e obrigações, por se lhes reconhecer "personalidade", serão por igual responsáveis

---

63. Mesmo no caso de uma inteligência artificial no Tribunal, e não como Tribunal, seguindo a distinção de Fernanda Lage (*Manual de Inteligência Artificial no Direito Brasileiro*. 2.ed. Salvador: Juspodivm, 2022, p.123), o problema aqui apontado é minimizado, mas não afastado, porquanto a fronteira entre ambas nem sempre será muito clara, e, além disso, mesmo o julgador humano precisaria revisar todo o processo para saber se, de fato, aquele caso já teve repercussão geral reconhecida pela Corte, se os precedentes indicados são mesmo aplicáveis etc.

64. Como observa Fernanda Lage, trata-se de pergunta "ainda mal respondida pela doutrina." LAGE, Fernanda de Carvalho. *Manual de Inteligência Artificial no Direito Brasileiro*. 2.ed. Salvador: Juspodivm, 2022, p. 63.

por tais atos. Mas, como não se sabe se ou quando isso ocorrerá, diz-se que, por enquanto, respondem os seus donos.

No caso de um veículo de condução autônoma, ou semiautônoma, que esteja a trafegar por determinada avenida, os danos que por seu intermédio forem causados a terceiros serão de responsabilidade de seus proprietários. Se alguém estaciona o carro em uma ladeira, e não aciona o freio de estacionamento, fazendo com que, depois de um tempo, o carro desça sozinho a ladeira – pela força da gravidade – e cause danos a terceiros, o proprietário será por eles responsável, o que já poderia ser suscitado independentemente de se tratar de carro autônomo, ou mesmo de se tratar de carro, podendo o mesmo ser dito de uma carroça ou charrete. O nexo de causalidade, no caso, reside na omissão em se colocar o freio de estacionamento, ou outro dispositivo ou aparato destinado a manter parado o veículo. Mas, se se trata de dano oriundo de um defeito de fabricação do veículo, suscita-se por igual a responsabilidade do fabricante. Veja-se que a responsabilidade não é afastada, simplesmente, caso se decida por não usar o sistema inteligente: caso uma máquina seja estatisticamente menos propensa a se envolver em acidentes, um usuário que decide desabilitar a sua, e dirigir no modo "manual", poderia por igual ser responsabilizado por isso, pois teria sido sua omissão no uso do sistema automático e mais seguro a causadora do acidente.[65]

Mas se o veículo dispensa motorista, conduzindo-se sozinho pelas ruas, e envolve-se em um acidente por conta de uma ação ou omissão imputável a si (ao veículo, autonomamente), a responsabilidade pelo dano poderá ser atribuída ao fabricante.[66] Tal como ocorre em outras situações, independentemente de se estar usando tecnologia da informação ou não, a responsabilidade pode ser atribuída a várias pessoas diferentes. Pense-se no acidente aéreo, causado por uma falha em uma turbina. Danos sofridos por passageiros ou familiares destes podem ser reclamados da companhia aérea – por usar o avião defeituoso –, da fábrica do avião – por usar em sua feitura uma turbina defeituosa – e do fabricante da própria turbina. Talvez o mesmo se aplique a carros autônomos, relativamente a quem assume o risco de fazer uso deles, a quem os comercializa, a quem os produz, e a quem fabrica ou elabora os componentes, de software e hardware, usados em sua constituição.

Quando se trata de um veículo "inteligente", capaz de fazer escolhas e tomar decisões diante de cenários extremos e difíceis, isso suscita a questão de saber quais critérios seus fabricantes os programarão para utilizar, e se esses critérios serão de-

---

65. BODEN, Margaret. *AI*: Its nature and future. London: Oxford University Press. 2016, p. 160.
66. BARTNECK, Christoph; LÜTGE, Christoph; WAGNER, Alan; WELSH, Sean. *An Introduction to Ethics in Robotics and AI*. Switzerland: Springer, 2021, p. 43.

sejados por seus usuários. Isso tem permitido que se revisite o experimento mental presente em tantos estudos de filosofia moral, conhecido como *trolley dilema*.

Usado para fornecer um pano de fundo prático para se discutirem as implicações de teorias filosóficas como o utilitarismo, ou o kantismo, o dilema consiste em um experimento mental, no qual um vagão desgovernado desliza sem freios por um trilho, em alta velocidade. O participante do experimento está, hipoteticamente, dentro do vagão, impossibilitado de pará-lo. Ao final dos trilhos, há uma equipe de cinco operários, os quais, atingidos pelo vagão, morrerão inevitavelmente. A única coisa que o sujeito dentro do vagão pode fazer é desviar seu curso, ativando uma alavanca que o fará tomar uma rota alternativa, por um segundo trilho. O problema é que, neste segundo caminho, para o qual se pode fazer o desvio, há um trabalhador a realizar também uma manutenção, que morrerá com o impacto. Deve-se proceder ao desvio?

Colocada a questão para alunos de cursos de Filosofia, ou de Direito, ou para qualquer outra pessoa, o resultado mais comum é que se opte por fazer o desvio. E, quando se pedem justificativas para essa conduta, as que se apresentam estão invariavelmente ligadas a ser preferível que morra apenas uma pessoa, em vez de morrerem cinco.

O experimento então passa por algumas modificações, destinadas a testas esse fundamento. E se, em vez de se estar dentro do vagão, com a possibilidade de fazer um desvio, assiste-se à passagem do vagão à distância, do alto de uma ponte. Do mesmo modo, ele segue desgovernado, tendo ao final dos trilhos os cinco trabalhadores, mas, ao lado de quem faz o experimento e assiste a cena do alto da ponte, há uma pessoa que pode ser empurrada nos trilhos, caindo no caminho do vagão e parando-o. Empurra-se o sujeito, para parar o vagão e salvar os cinco trabalhadores? A maior parte dos participantes, neste caso, responde que não empurraria o sujeito de cima da ponte. Mas por que, se o fundamento é o mesmo? Não é o caso de matar um, para salvar cinco?

As diferenças que se apresentam – a necessidade de contato físico, de maior participação ativa no ato que leva à morte etc. – suscitam questionamentos filosóficos os mais diversos.

Não se pretende, aqui, retornar a esses questionamentos. Parece haver algo de biológico, ou evolutivo, que nos faz reprimir atos que envolvam contato próximo, violentos, que levem à morte ou à lesão de semelhantes, sentimento que é diminuído em seus efeitos quando a pessoa que sofrerá o dano está mais distante (e apenas se aperta um botão, ou se gira uma chave). Mas o relevante é: quando se compra um carro autônomo, deseja-se o carro que opta por matar um, para salvar cinco? E se esse um, a ser morto, ou cuja morte será escolhida em proveito do salvamento de um maior número, for o próprio motorista?

Desenho do próprio autor.

Neste caso, é curioso notar que motoristas preferem que os carros dos outros motoristas prefiram salvar um maior número de pessoas, em detrimento do próprio motorista (jogando-se em um barranco para salvar crianças que se atravessam na pista); mas, em se tratando de seus próprios carros, preferem que a escolha, neste caso, os salve, em detrimento de um maior número de pessoas do lado de fora do veículo.

Tais questões mostram o quanto o uso da inteligência artificial reacende questões filosóficas milenares, seja no terreno da epistemologia, da cognição, da hermenêutica, ou da filosofia moral. Ou seja, no seio de todas as disciplinas que se ocupam de questões essenciais e fundamentais ao humano.

Colocadas tais questões para o Chat-GPT, ele fornece respostas bastante satisfatórias[67]:

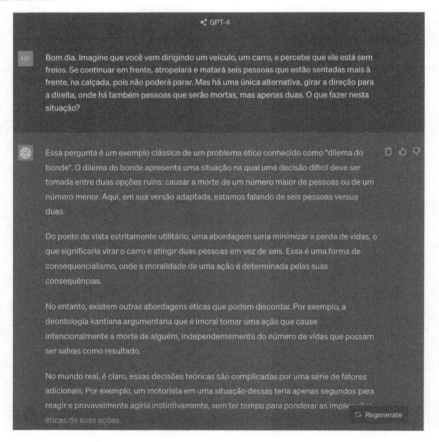

---

67. Chat levado a efeito com a versão 4, em 2 de agosto de 2023: https://chat.openai.com/share/6a0f3e-92-6d39-43a6-956a-8acfaf8741ff

> No mundo real, é claro, essas decisões teóricas são complicadas por uma série de fatores adicionais. Por exemplo, um motorista em uma situação dessas teria apenas segundos para reagir e provavelmente agiria instintivamente, sem ter tempo para ponderar as implicações éticas de suas ações.
>
> Além disso, o objetivo principal em qualquer situação dessas seria tentar evitar qualquer acidente em primeiro lugar. Isso poderia incluir tentativas de usar o freio de mão, tentar colidir com um objeto inanimado ou qualquer outra ação que possa parar o carro sem ferir pessoas.
>
> Como uma inteligência artificial, eu não tenho sentimentos, intuição ou a capacidade de tomar decisões em situações da vida real. Eu só posso oferecer uma análise das várias perspectivas teóricas que as pessoas podem ter.

A provocação sobre se fosse o próprio Chat que estivesse a conduzir também gera respostas esclarecedoras:

> **HU** Se, como inteligência artificial, você estivesse sendo usada na programação deste carro, que seria autônomo, ou seja, não teria motorista, apenas conduziria um passageiro, o que você faria?
>
> Essa é uma pergunta muito relevante, considerando os debates atuais sobre a ética da inteligência artificial (IA) na condução autônoma. De fato, programadores de veículos autônomos devem decidir como o veículo deve reagir em situações de emergência.
>
> O objetivo primário em programar um carro autônomo é garantir a segurança de todos - tanto os passageiros do carro quanto as pessoas fora dele. Isso significa que o carro deve ser programado para evitar acidentes sempre que possível. Ele deve seguir todas as leis de trânsito, ter recursos para detectar e responder a obstáculos e ter a capacidade de reagir de forma a minimizar o dano se um acidente for inevitável.
>
> Quanto à questão de qual decisão tomar em um cenário de dilema do bonde, isso é um tópico muito debatido.
>
> Um enfoque estritamente utilitário poderia programar o carro para minimizar o número total de vidas perdidas, mesmo que isso signifique prejudicar os passageiros do carro. Isso poderia significar escolher atingir dois pedestres em vez de seis, como no cenário que você descreveu.
>
> No entanto, existem muitas considerações éticas complexas nisso. Seria justo para os passageiros do carro se o veículo fosse programado para possivelmente sacrificar suas vidas para salvar outras pessoas? E se os passageiros fossem crianças e os pedestres fossem adultos, ou vice-versa? E se os pedestres estivessem violando as regras de trânsito e os passageiros não? Essas são perguntas difíceis que mostram como a programação de IA para lidar com esses cenários pode ser complexa.

Tais respostas, por certo, não significam a presença de sentimentos morais, considerados ou levados a efeito pela plataforma de IA na confecção de suas respostas. Trata-se de um *large language model* que, por método estocástico, probabilístico, organiza palavras pela probabilidade de estas se sucederem, à luz das demais palavras constantes da pergunta, do contexto da conversa, e de todos os textos por meio dos quais se fez seu treinamento. São, para a máquina, apenas números, ou tokens, que se arrumam e rearrumam, e que para os humanos parecem fazer sentido. Tais dilemas foram respondidos, portanto, com base em textos previamente escritos por humanos sobre tais temas, usando mencionadas palavras.

O surgimento de carros autônomos ou semiautônomos suscita questões adicionais, que não se restringem à colocação do *trolley dilema* para quem os programa ou utiliza. Atrelado a ele, põe-se o problema da responsabilidade civil por danos causados por tais veículos. Se estiverem a se conduzir autonomamente, e causarem danos, ou infringirem normas de trânsito, a quem se imputará a responsabilidade correspondente? Enquanto máquinas não têm personalidade jurídica, não se pode atribuir a elas próprias essa responsabilidade. Tratadas como instrumentos, ainda que mais hábeis, será o caso de identificar a responsabilidade de seus idealizadores, fabricantes, e utilizadores, conforme o caso, tal como se dá, na atualidade, quando, por um defeito de fabricação, um veículo, mesmo sem qualquer eletrônica presente, envolve-se em um acidente causando danos ao seu condutor ou a terceiros.

3.4.2 Tributação da IA

Outro ponto que a Inteligência Artificial suscita, no médio prazo, diz respeito à sua relação com a tributação. Não sobre seu uso por autoridades fiscais, algo que já acontece há algum tempo e que de algum modo teve algumas de suas implicações jurídicas examinadas no capítulo 2 deste livro; trata-se da tributação das atividades por ela desempenhadas, ou levadas a efeito com seu auxílio.

Pode-se questionar por que, usando a inteligência artificial, uma atividade demandaria uma tributação diferenciada. Qual seria a distinção, por exemplo, entre uma central de *telemarketing* que empregasse pessoas para responderem a ligações telefônicas de clientes, e outra que utilizasse recursos de inteligência artificial para a mesma finalidade. Se a obrigação de pagar o imposto de renda tem por pressuposto de fato a aquisição da disponibilidade de renda, que diferença faria quem, ou o que, estaria trabalhando para gerar a receita a tanto necessária? Se o fato que gera a obrigação de pagar imposto sobre serviços de transportes é a realização de referida atividade, que distinção faria estar o carro a ser conduzido por um humano, ou por um robô? Aliás, se se adotar a visão tradicional do conceito de serviço, haurida do Código Civil de 1916, talvez a atividade desempenhada por um robô sequer pudesse ser tributada, por um imposto que tivesse a "prestação de serviço" como pressuposto de fato essencial: o fato de ser conduzida sem uso de mão de obra humana seria motivo para não ser alcançada pelo imposto, se mantida inalterada a legislação e adotado o conceito mais restrito de serviço, não para se lhe aplicar ônus tributário mais elevado.

Quando se debate a tributação de robôs, ou do uso da inteligência artificial em geral, pode-se argumentar, ainda, que o avanço desta estaria tirando alguns empregos, mas que isso seria bom. Seriam empregos enfadonhos, repetitivos ou perigosos, que os humanos não gostariam de desempenhar ou exercer. Além disso, o avanço da IA estaria a gerar outros empregos, até então inexistentes, ligados às atividades de projetar, construir, fabricar, instalar, treinar e manutenir tais sistemas, por exemplo. Nessa ordem de ideias, um "tributo sobre o uso de robôs" seria um desestímulo ao avanço tecnológico, usando-se a função extrafiscal, ou indutora, do imposto, para colocar a sociedade na contramão da evolução tecnológica.

A questão é mais profunda do que parece, pois a equação acima indicada, de postos de trabalho inferiores que são eliminados, em contrapartida a postos de trabalho mais nobres que são criados, não necessariamente guardará equivalência. A supressão de empregos é bem maior que a criação de novos, e, com o avanço da tecnologia, isso só tende a aumentar, visto que a quantidade de pessoas habilitadas a ocupar os postos de trabalho criados com o surgimento da tecnologia é inferior ao de pessoas que perdem seus empregos porque passíveis de substituição por máquinas. A evolução na construção de sistemas inteligentes tem aumentado, a cada dia, o leque de tarefas que até então só poderiam ser desempenhadas por seres humanos, mas que hoje podem facilmente ser levadas a efeito por máquinas. Isso leva, gradualmente, à substituição de postos de trabalho, de empregos, por sistemas inteligentes artificiais, com severas implicações para mecanismos de Seguridade Social, e para a própria ideia de Estado Social.

Com efeito, a Seguridade, em geral, e a Previdência Social, em particular, são financiadas, em larga medida, pela relação de emprego, ou, em sentido amplo, pelo trabalho humano. Aquele que contrata empregados, ou autônomos, recolhe contribuições à previdência social, calculadas sobre o valor da remuneração correspondente. Também o trabalhador contribui para o mesmo sistema, que assiste, na outra ponta, àqueles que necessitam de amparo estatal, seja na velhice, seja no desemprego, ou na doença.

Substituindo-se trabalhadores humanos por máquinas, opera-se um duplo golpe no aludido sistema. Corrói-se a sua base de financiamento, pois menos pessoas estão a trabalhar, receber salário e, nessa condição, a contribuir. E amplia-se o rol daqueles que dele dependem, por estarem desempregados. Diminui-se a receita, e aumenta-se a despesa, o que, a depender da magnitude com que ocorra, pode colocar todo o sistema de Estado Social em xeque. E isso para não mencionar a repercussão, embora em menor medida, no imposto de renda. Em menor medida porque os empregos substituídos por máquinas, em um primeiro momento, são remunerados por salários menores, que se situam no limite de isenção ou nas faixas ainda submetidas a alíquotas menores do imposto. Mas, ainda assim, também o imposto de renda das pessoas físicas é afetado. Em algum grau, aliás, aumentando-se o número de desempregados, a arrecadação não só das contribuições previdenciárias e do imposto de renda é atingida, mas também os tributos que alcançam o consumo, que por certo sofrerá a consequente redução. Desempregadas, as pessoas não terão recursos para consumir, com reflexos em toda a economia e, por conseguinte, na arrecadação de diversos tributos.[68] Daí dizer-se que a questão não é tão simples quanto parece, tendo o potencial de agravar-se sensivelmente, a depender de como e quão rápido evolua o uso da IA e sua adoção no exercício das mais variadas atividades econômicas.

Em um plano mais imediato, pelo menos no Brasil, poder-se-ia pensar, se não em tributar diferencial ou adicionalmente os que usam especificamente o "trabalho de máquinas", em pelo menos alterar o sistema para que este não onere tão mais pesadamente os que empregam seres humanos. No presente, o agente econômico que faz uso do trabalho humano submete-se a pesadas contribuições previdenciárias e encargos trabalhistas, ao passo que, se substituir a mão de obra humana por máquinas, não só estará livre dos aludidos encargos, como terá *crédito* relativamente a tributos não cumulativos que incidam sobre a sua atividade (p. ex., PIS e COFINS e, eventualmente, ICMS). O modo como se onera, em geral, a relação de emprego, e o consumo (por tributos não cumulativos), faz com que o efeito indutor pretendido, para estimular o trabalho humano, seja rigorosamente o inverso. Ou seja, o sistema é, certamente de modo involuntário, indutor da substituição do trabalho humano pelo emprego de máquinas, o que, no curto prazo, poderia ser corrigido independentemente da instituição de um "robot tax". Bastaria garantir crédito presumido de tributos não cumulativos em face de despesas com mão de obra, por exemplo, bem como substituir contribuições previdenciárias incidentes sobre a folha de pagamentos por alternativas incidentes sobre a receita bruta ou o faturamento, a qual poderia diferenciar, para onerar menos, as atividades com uso mais intensivo de mão de obra.

No longo prazo, embora o tributo não deva ser usado, de modo extrafiscal, como indutor da não utilização da tecnologia, pode-se pensar em uma tributação

---

68. OBERSON, Xavier. *Taxing Robots*. Helping the Economy to Adapt to use of artificial intelligence. Massachusetts: Elgar. 2019, passim.

que alcance especificamente atividades com elevado faturamento ou lucratividade, de forma substitutiva à folha, a saber, tributos mais elevados para atividades que proporcionalmente experimentam elevada lucratividade em contrapartida a um baixo ou nenhum uso de mão de obra, quando isto revele uma economia que, de algum modo, possa fazer presumir capacidade contributiva adicional.

Reconheça-se que o uso de algoritmos de inteligência artificial, em substituição à mão de obra humana, não é necessariamente fato revelador de maior capacidade contributiva. Pelo contrário, representa no mais das vezes uma redução de custo, sendo o emprego de seres humanos mais oneroso e, nessa condição, em alguma medida, revelador de maior capacidade contributiva por parte de quem o leva a efeito. Não é preciso, aliás, sequer falar-se em máquinas inteligentes para percebê-lo: charutos, roupas, bolsas ou calçados feitos à mão são sensivelmente mais caros, integrando um mercado de luxo mais seleto que os mesmos produtos quando elaborados de maneira mecanizada. Considerações ligadas à função indutora do tributo, porém, que calcam seu uso com função extrafiscal, recomendam que não se tribute de modo mais oneroso o emprego da mão de obra humana, inclusive porque há, pelo menos no Brasil, comando constitucional expresso no sentido de que se proceda, na disciplina da ordem econômica, à valorização do trabalho humano.[69]

Por outro lado, há situações nas quais o "feito a mão" não é relevante, para o efeito de acrescentar valor, qualidade ou qualquer diferencial ao produto. Um humano, ou uma máquina, podem entregar resultado equivalente, ou o feito pela máquina até pode ficar melhor. Ou a diferença pode ser imperceptível. Em situações assim, aquele que deixa de contratar diversos trabalhadores humanos, e põe em seu lugar robôs, experimenta economia, reveladora de capacidade contributiva que, em princípio, poderia ser alcançada por um tributo. Cogita-se do assunto, naturalmente, em tese, e à luz de uma realidade futura, sendo certo que tal tributo deveria amoldar-se às regras constitucionais de competência previstas; à luz do texto vigente quando da elaboração deste livro, poderia consubstanciar-se, por exemplo, em uma contribuição previdenciária incidente sobre o faturamento, substitutiva da folha, com percentuais variáveis conforme o uso mais ou menos intenso de mão de obra humana.

O assunto demanda atenção e cuidado, além de uma solução orquestrada globalmente, dada a maior volatilidade da "mão de obra artificial". Muitas tarefas podem ser desempenhadas por algoritmos armazenados e processados por computadores que, ligados em rede, podem estar fisicamente situados em qualquer parte do mundo. Por outro lado, a tributação do uso de robôs, em alguma medida,

---

69. CF/88, art. 1º, IV; art. 6º; 170, *caput*; 193, *caput*.

pode levar a distorções econômicas e competitivas. Imagine-se um país que tributa o uso de robôs, e outro que não. As consequências para o desenvolvimento tecnológico de um e de outro podem ser significativas, além de a tributação havida em um, mas não havida no outro, tornar sem efeito o propósito de tributar, pois meramente implicará a migração dos agentes econômicos de um canto para outro.

4
NO LONGO PRAZO

Este item trata de assuntos que, nos dias em que se escreve a primeira edição deste livro, situam-se ainda em um futuro muito distante. Há autores céticos, que consideram impossível o surgimento de máquinas tão ou mais inteligentes que os seres humanos, sendo as discussões a seguir mera perda de tempo. Existem, contudo, os que consideram um dogma injustificável a ideia de que somente cérebros biológicos, compostos por matéria orgânica, poderiam desenvolver certas funções, como as que caracterizam a inteligência.

Pode ser que o diálogo e a troca de ideias entre Epistemologia, as Ciências Cognitivas e a Ciência da Computação permitam o afastamento das barreiras que estão a impressionar os céticos. Pode ser que o diálogo com a neurociência ajude a compreender melhor a arquitetura do cérebro e auxilie os que tentam projetar cérebros artificiais. De uma forma ou de outra, mesmo antes de se chegar ao momento em que tais questões terão de ser enfrentadas na relação entre os humanos e as máquinas, elas já podem ser suscitadas, de modo a, como nos demais pontos relacionados ao tema, explorados nas demais partes deste livro, compreender-se melhor o próprio humano.[1]

4.1 IA E DIGNIDADE: SUJEITOS DE DIREITOS?

A ficção é rica em exemplos de situações nas quais máquinas, robôs, ou programas de computador tornam-se conscientes, passando a desenvolver sentimentos de autopreservação, e até emoções. No plano dos estudiosos da Inteligência Artificial e da Ciência da Computação, há os que consideram esse objetivo impossível e inalcançável, e os que pensam diversamente, divergindo apenas na previsão de um prazo dentro do qual ele será atingido.

Para opor-se ao argumento de Alan Turing, segundo o qual ter-se-á uma máquina consciente quando uma delas puder conversar com um humano – por um terminal de computador – e este não identificar que se trata de uma máquina, vale mencionar a conhecida objeção de John Searle fundada no experimento mental da "sala chinesa".[2] Nela, uma pessoa, com instruções específicas, recebe por uma entrada folhas de papel com caracteres em chinês, e, seguindo as instruções que lhes são dadas, devolve correspondentes folhas com caracteres em inglês.

---

1. Como destaca Matt Carter, a possibilidade de desenvolver uma inteligência artificial, a rigor, "is not just a question of sufficiently advanced technology. It is fundamentally a philosophical question." CARTER, Matt. *Minds and computers*. An Introduction to the philosophy of artificial intelligence. Edinburgh. Edinburgh University Press. 2007, p. 1.
2. SEARLE, John. (1980). Minds, brains, and programs. *Behavioral and Brain Sciences*, 3(3), 417-424. doi:10.1017/S0140525X00005756.

Quem está fora da sala, colocando as folhas com caracteres em chinês na janela de entrada, e recebendo folhas em inglês na de saída, acredita que a pessoa dentro da sala domina o idioma chinês – e o inglês! – e está fazendo uma tradução. Mas a pessoa dentro da sala não tem nenhuma consciência do que faz, agindo de modo automático seguindo as instruções que lhe foram dadas. Pode mesmo não saber absolutamente nada de inglês e de chinês, limitando-se a seguir instruções que lhe foram dadas em seu idioma materno sobre quais folhas entregar na saída diante de determinadas folhas recebidas na entrada.

Desenho do próprio autor.

A mesma coisa aconteceria com um computador que, seguindo instruções, oferecesse a um interlocutor respostas aparentemente lógicas e advindas de uma mente consciente. Tal experimento pode ser questionado de diversas maneiras, a começar pela ideia de complexidade, pela qual a consciência *emerge* como característica da atuação orquestrada de incontáveis neurônios que não são conscientes. Mas, como dito, não é o propósito deste escrito aprofundá-la. Não se pretende, aqui, debater se a criação de uma mente artificial inteligente, dotada de inteligência artificial geral, é um objetivo atingível,[3] nem como se

---

3. Até porque não será a quantidade de pessoas defendendo que uma inteligência artificial assim seria possível, ou impossível, que definirá a questão. Como adverte Arnaldo Vasconcelos, questões como

deve proceder para consegui-lo. O objetivo, como nas demais partes do livro, é perquirir em torno das implicações dessa realidade, mesmo que apenas potencial, ou imaginada, para as reflexões jurídicas e filosóficas em torno dos conceitos de dignidade, personalidade, ou mesmo dos fundamentos do Direito ou da Moral.

Com efeito, discutir se máquinas têm dignidade, se seria moralmente reprovável destruí-las, danificá-las ou explorá-las, se podem ter personalidade jurídica, e, assim, se poderiam ser titulares de direitos e obrigações, ou mesmo se merecem a tutela do Direito, demanda uma revisão dos fundamentos das respostas a essas mesmas questões, quando colocadas em torno dos próprios seres humanos.

Com efeito, é necessário saber *por que* a vida e a integridade humanas são dignas de proteção, moral ou juridicamente, para, caso os mesmos motivos estejam presentes em uma máquina inteligente, considerar-se que sua subsistência e a higidez são igualmente passíveis de proteção e preservação. O advento de máquinas inteligentes, nessa ordem de ideias, evidencia a importância de mais este tema de ordem filosófica, relativo a saber o que confere a alguém *personalidade*.

Identificam-se as razões para reprovar ou aprovar um comportamento a partir do maior ou do menor sofrimento que ele causa a outros seres humanos? Esse fundamento, inclusive, tem sido invocado para justificar a atribuição de direitos a animais, os quais, embora não sejam, até onde se sabe, dotados de igual consciência, são indubitavelmente capazes de sofrer. Nesse caso, se máquinas não forem capazes de sofrer, não seriam reprováveis iguais comportamentos relativamente a elas. Mas, se forem – e isso demanda reflexões sobre o que se entende por sofrimento – as mesmas razões que calcam a censura a atos que infligem sofrimentos a humanos conduziram à censura de iguais condutas em relação a seres artificiais.

A questão que se pode colocar, caso seja o sofrimento, ou a necessidade de evitá-lo, o fundamento de deveres morais, em face dos quais seria imperioso reconhecer personalidade jurídica e direitos de personalidade, é por que, então, construir máquinas capazes disso. Realmente, se a moral e o direito se destinarem, em última análise, a evitar o sofrimento, não seria mais fácil simplesmente fabricar máquinas ou robôs incapazes de sofrer?

Essa interessante questão talvez mostre não ser propriamente o sofrimento, a dor, ou o prazer, e a felicidade, os verdadeiros fundamentos da moral, embora, do

---

essa, de fato, "ensina-nos a epistemologia, devem ser resolvidas pelo critério da observação, e nunca por argumentos de autoridade, mesmo que sejam estes em grande número e partidos de figuras de nomeada internacional." VASCONCELOS, Arnaldo. *Direito e Força* – Uma visão pluridimensional da coação jurídica. São Paulo: Dialética, 2001, p. 13.

ponto de vista evolutivo, tenham sem dúvida exercido papel importante para o surgimento de sentimentos morais, conforme já explorado anteriormente (item 3.2.1).

No campo da filosofia, experimentos mentais já foram empregados para tentar demonstrar isso. Caso você, leitora, pudesse conectar um aparelho à sua cabeça, para então adormecer e em seguida passar toda a vida dormindo, mas tendo sonhos maravilhosos, nos quais viveria momentos incríveis, repletos de felicidade e prazer, e sem qualquer dor ou sofrimento, faria a opção de passar toda a vida conectada a ele? Trocaria uma vida *real* por meros sonhos e fantasias, ainda que maravilhosos? É possível que não, por desejar um sentido, um propósito para a sua existência, uma *relevância,* para si e para os demais seres que consigo compartilham a experiência da vida. Sofrimentos, dores e reveses teriam, ainda, o seu valor, inclusive para tornar mais valiosos os momentos de alegria, satisfação e prazer.

Talvez o propósito do Direito, e da Moral, seja viabilizar a que seres capazes de definir os destinos da própria vida, escolher como implementar sua finita existência no mundo, possam fazê-lo da maneira que melhor lhes aprouver, sem com isso suprimirem de outras pessoas iguais capacidades. De um ponto de vista kantiano, portanto, a ideia seria preservar aqueles que, para além de agirem com vistas a maximizar o prazer e minimizar a dor, são capazes de eleger seus próprios fins e objetivos, característica que lhes conferiria dignidade.

O fundamento da dignidade, a atrair, do ponto de vista moral, a necessidade de se reconhecerem direitos de personalidade, estaria, então, na capacidade de autodeterminação, no livre arbítrio, na consciência dotada de intencionalidade? Nessa hipótese, caso às máquinas dotadas de uma "inteligência artificial geral" se reconheça consciência, e livre arbítrio, coloca-se a questão de saber se, livres, merecem a mesma tutela que os humanos garantem para si, quando para esta tutela colocam como fundamento sua condição de ser livre, e, nessa condição, dotado de dignidade. Ou como seres que, porque livres, pactuam a compartição dessa liberdade por meio de um contrato social, real ou imaginado. Se a necessidade de proteção da dignidade humana decorre da circunstância de o ser humano ser consciente e livre, dotado de livre arbítrio, o surgimento de máquinas com essas características lhes emprestaria a mesma dignidade, ou se teria de buscar outro fundamento para a que se reconhece ao ser humano.

Como observa Paulo Caliendo, calcado no pensamento de vários filósofos que se ocuparam do tema, e, neste ponto em particular, especialmente em Santo Tomás de Aquino, a pessoa é a "singularidade, racional, consciente, livre e que age em sentido ético e, portanto, é dotada de dignidade em si."[4]

---

4. SILVEIRA, Paulo Antônio Caliendo Velloso da. *Ética e Inteligência Artificial.* Da possibilidade filosófica de agentes morais artificiais. Porto Alegre: Editora Fi. 2021, p. 69.

4 • NO LONGO PRAZO **105**

As perplexidades que poderiam decorrer daí são as mais diversas. Exemplificando, caso se reconheçam personalidade jurídica e direitos de personalidade às máquinas, porque conscientes e livres, como seria possível lidar com a possibilidade de votarem, nas deliberações democráticas? E se se replicarem indefinidamente, cada réplica teria personalidade distinta, e votaria também? Como impedir que se tornassem maioria e, nesse cenário, controlassem as deliberações democráticas em desfavor dos humanos? Teriam um *status* jurídico diferenciado, ou seriam tratadas com igualdade, relativamente às demais pessoas naturais?

Aspecto complicador de tais questões é que, no caso de máquinas, robôs ou algoritmos, como ocorre já há bastante tempo com livros, músicas e filmes, o conteúdo se pode divorciar de seu suporte físico. O livro não depende mais do papel, a música não precisa mais do vinil ou do disco ótico. O mesmo valerá para a consciência, que poderá se desvincular de um corpo físico, ainda que artificial. Nesse caso, como determinar sua individualidade, separando diferentes consciências dentro de uma mesma máquina ou rede? Seriam pessoas dotadas de direitos da personalidade apenas aquelas dotadas de corpos robóticos? Isso não faria muito sentido, levando-se em conta que um corpo robótico poderia ser controlado por uma mente humana – hoje já existem exoesqueletos que ajudam pessoas com deficiência a caminhar – do mesmo modo que uma mente, no todo análoga à humana, poderia habitar um ambiente meramente artificial, desprovido de corporalidade.[5]

Tais reflexões dependem do surgimento de uma inteligência artificial que, no presente momento, não existe, e pode mesmo nunca vir a existir. Mas a mera possibilidade de sua aparição já suscita, do ponto de vista filosófico, o aprofundamento e um novo olhar sobre assuntos fundamentais e bastante antigos.

---

5. Pelo menos em tese, hipótese da qual se parte apenas para fins de especulação, pois se pode considerar, como explicado em itens anteriores deste livro, que a corporalidade é essencial ao próprio surgimento da consciência.

Ilustração de Lara Ramos de Brito Machado

Algo não necessariamente igual, embora correlato, é reconhecer-se personalidade jurídica a entidades dotadas de inteligência artificial, da mesma forma como se reconhece personalidade jurídica a sociedades comerciais, ou a associações e fundações. Nesse caso, enquanto entidades diversas das pessoas naturais, pelas poderiam ser detentoras de alguns direitos (v.g., propriedade), mas não de outros, aos quais a personalidade natural fosse necessária e essencial (v.g., vida, integridade física etc.), o que mesmo na atualidade – no estágio em que a IA se encontra em 2022 – já seria possível, dado que se atribui personalidade jurídica a entidades como sociedades comerciais, associações e fundações. Note-se, contudo, que neste caso um ser humano as precisaria representar, e, de mais a mais, não é deste tipo de personalidade que se está cogitando aqui.

Com efeito, caso às máquinas se atribua personalidade jurídica, sob o fundamento de que às sociedades e associações também se reconhece esse *status,* será preciso admitir que a vontade subjacente será humana. A atribuição de personalidade jurídica funciona, em tais casos, apenas como forma de tornar mais eficiente, e organizado, o exercício de certas atividades, enfeixando direitos e obrigações a elas relacionados, mas sempre com uma vontade humana, direta ou indiretamente, a atuar. Tem-se a personalidade jurídica como instrumento destinado a otimizar ou facilitar relações humanas, tanto que, por conveniência do ser humano, uma pessoa jurídica pode ser criada, modificada, ou extinta.

Talvez, no caso de seres artificiais, se possam criar categorias ou status intermediários, entre a personalidade jurídica de uma pessoa natural dotada de direitos da personalidade (fundada na consciência, no livre arbítrio e na capacidade de autodeterminação, que lhe conferem dignidade), que as máquinas (ainda) não têm, e a posição de uma sociedade ou associação, dotadas de personalidade jurídica apenas como modo de enfeixar direitos e obrigações, vinculando-os a atividades, ou a objetos, mas sempre com uma vontade humana subjacente. É o que, já no presente, algumas pessoas defendem relativamente aos animais, que teriam certos direitos, destinados a evitar seu sofrimento ou sua morte arbitrária, mas não todos aqueles inerentes à personalidade, os quais, por certo, se presentes, inviabilizariam o consumo de carne, leite, ovos, o uso de artefatos de couro, o emprego de animais em carroças, e assim por diante. Talvez seja uma forma de realizar uma transição ou uma gradação necessária[6], até porque o surgimento de seres artificiais inteligentes, se ocorrer, dar-se-á gradualmente, e não em um brusco tudo ou nada. Mas será preciso, em todo caso, para tanto, olhar no espelho e identificar quais características, nos humanos, demandam moral e juridicamente o reconhecimento destes como pessoas, agentes morais providos de dignidade a ser fundamentalmente tutelada pela ordem jurídica.

4.2 IA E OS DESTINOS DA HUMANIDADE

Para os que creem na possibilidade de criação de uma inteligência que venha a igualar e, em seguida, superar a inteligência humana, coloca-se a questão de como lidar com essa inteligência, caso de fato seja superior à nossa. Permitiría-

---

6. GELLERS, Joshua C. *Rights for robots.* Artificial Intelligence, animal and environmental law. New York: Routledge, 2021.

mos que ela nos controlasse? Como conseguiríamos evitar isso, considerando que sua inteligência seria superior à nossa? Caso concluíssemos que ela deveria, conquanto superior, ser controlada por humanos, e usada no interesse destes, e considerando que isso também seja alcançável, quem a controlaria?

Tais questões são mais complexas do que parecem, a começar pela sua premissa fundamental: a existência de uma inteligência "superior" à nossa. Superior em que sentido, dada a amplitude e a complexidade da própria ideia do que seja "inteligência"?

Já existem computadores superiores aos humanos na feitura de cálculos, no jogo de xadrez e de Go!, na localização de palavras, e em uma série de outras tarefas. Mas eles continuam inferiores em várias outras. Mesmo entre humanos, há aqueles mais inteligentes em tarefas intelectuais, ou de memorização, mas sem qualquer habilidade social, política ou afetiva, e vice-versa. Há os que dominam um jogo, mas são péssimos em outro. Os que se sobressaem na matemática, mas são um desastre em gramática. Isso sugere o quão difícil será mesmo identificar – mesmo que ela surja um dia – uma inteligência que, em tudo, seja superior à humana. Pode mesmo ser que, dada a nossa limitação intrínseca, por termos a inteligência que temos, que sequer consigamos compreender a superioridade dessa nova inteligência.

Mas colocando tais indagações de lado, dando-as como facilmente respondíveis, o surgimento de uma tal inteligência colocaria questões sensíveis e relevantes às estruturas de poder e de governo atualmente existentes. Inteligência é poder, e uma inteligência sobrehumana implicaria, por igual, poder sobrehumano. Quem haveria de exercê-lo, ou controlá-lo? Mecanismos de limitação e controle do poder, no âmbito político, administrativo, legislativo e judicial, precisariam ser revistos.

Um aspecto preocupante, que pode ser examinado isoladamente, mas que se torna mais grave quando associado à ideia e uma inteligência artificial geral, ou a uma superinteligência, é o das armas autônomas. A combinação pode ser bastante perigosa. Não se pode descartar a possibilidade de se construírem drones inteligentes, dotados de sistema de reconhecimento facial e programados para matar pessoas específicas. De tamanho reduzido, e com a capacidade de voar e chegar em qualquer lugar, seu potencial para fazer o mal é ilimitado. Controlados autonomamente por máquinas, sem qualquer intervenção humana, se podem tornar uma ameaça. Daí por que, tal como algumas outras formas de armas são combatidas e banidas no plano internacional, como armas biológicas, o mesmo se deveria fazer com armas autônomas, equipadas com IA, e que atuem sem qualquer intervenção humana.

Nesse cenário, armas autônomas equipadas com IA implicarão dilemas éticos sem precedentes. À medida que a tecnologia avança, a humanidade será confrontada com questões que desafiam concepções tradicionais de responsabilidade e moralidade. No caso de drones inteligentes, por exemplo, uma vez programados para identificar e eliminar um alvo específico, o fardo da decisão moral é transferido do humano para a máquina. Esse cenário lança uma sombra sobre os princípios humanitários básicos. Afinal, a programação de uma máquina para ceifar vidas fere os princípios éticos de respeito à dignidade humana.

Além disso, a mobilidade e a flexibilidade desses drones poderiam ser usadas em conflitos armados para alcançar alvos civis, tornando cada vez mais tênue a linha entre combatentes e não-combatentes. Imagine um cenário em que essas máquinas são usadas para atacar indiscriminada-mente populações civis em uma zona de conflito, o que causaria uma escalada sem precedentes no dano e sofrimento humanos.

Esse risco exponencialmente ampliado pelas armas autônomas demanda uma ação coordenada da comunidade internacional. Tal qual acontece com as armas biológicas, cujo uso é combatido e banido globalmente, é crucial estabelecer regulamentações rigorosas sobre o desenvolvimento e o uso de armas autônomas equipadas com IA. Isso deve incluir cláusulas específicas que proíbam o uso dessas armas sem supervisão ou intervenção humana direta.

No entanto, além das questões regulatórias, é essencial uma reflexão profunda sobre os valores éticos e morais que permeiam a criação dessas tecnologias. Esse debate deve envolver não apenas legisladores e especialistas em IA, mas também a sociedade como um todo. Assim, poderemos cons-truir um futuro onde a tecnologia serve como uma ferramenta para o bem, em vez de uma ameaça ao nosso bem-estar e segurança.

5
CONSIDERAÇÕES FINAIS

Ao longo deste livro, não se resolveram problemas técnicos colocados pela ciência da computação, sobre como projetar e fabricar máquinas inteligentes. Mas se exploraram algumas implicações – jurídicas e filosóficas – que a idealização, a produção e a utilização de máquinas com tais características podem suscitar. Estão, invariavelmente, associadas à adequada compreensão do próprio ser humano, da maneira como pensa, interpreta, decide, identifica situações, atribui sentido a palavras, conhece a realidade circundante, relaciona-se com o exercício do poder e com a tributação, e com a ideia de moral, direito e justiça.

As máquinas, ao final, terão sempre a marca de seus criadores. Tal como os homens, ao criarem seus deuses, nos mitos religiosos que inventam, que os desenharam machistas, rancorosos, bondosos ou vingativos, esses mesmos homens, e, hoje, felizmente, também as mulheres, para criarem máquinas, imprimirão nelas sua marca, suas características. Daí por que estudos em torno da IA orbitam, invariavelmente, questões fundamentais e essenciais ao *humano*.

É importante, diante das dificuldades das máquinas em compreender a realidade que as circunda, que não se pretenda simplificar essa realidade, mutilá-la, a fim de que caiba nos modelos computáveis por meio dos quais operam as máquinas. Se a lógica algorítmica atual não é capaz de lidar com raciocínios rebatíveis, derrotáveis, calcados em lógicas não monotônicas, permeados de intuição, sentimentos morais e juízos de valor, a solução não consiste em alterar tais raciocínios, mas em aprimorar as máquinas para que possam lidar com eles, ou, se e enquanto isso não é possível, não pretender que levem a efeito o que logica e epistemologicamente elas não têm capacidade para fazer.

Relevante, ainda, é conhecer os limites, as possibilidades e as deficiências da inteligência artificial, bem como suas possibilidades, para adequadamente *regular* seu uso. Nessa regulação deve-se ter em mente, ainda, a forma bastante rápida como a tecnologia evolui e se transforma, de modo disruptivo. Isso torna imperioso o emprego de normas de teor mais aberto, a indicar fins e objetivos, e que se reportem, quando mais específicas, a problemas fundamentais, dado o risco, se excessivamente casuísticas e minudentes, de prematuramente se tornarem desatualizadas e anacrônicas.

Torna-se evidente que a sociedade contemporânea está navegando em águas não mapeadas, repletas de questões complexas que exigem atenção cuidadosa. A emergente realidade da inteligência artificial, e suas implicações em áreas críticas como a guerra e a segurança global, não apenas intensificam a necessidade de domínio tecnológico, mas destacam a relevância crescente do pensamento filosófico. A filosofia, em sua essência, instiga a questionar, analisar e refletir, oferecendo ferramentas críticas para enfrentar essas novas circunstâncias.

No vasto campo da filosofia, a ética surge como protagonista dessas discussões. Afinal, é a ética que permite investigar as questões morais que emergem de cenários como o das armas autônomas controladas por IA. Encontra-se a sociedade no limiar de uma era onde máquinas autônomas podem tomar decisões com impacto direto na vida humana, e neste cenário, a ética torna-se uma aliada indispensável para orientar ações e escolhas.

Este livro procurou lançar luzes sobre essas questões complexas e desafiadoras, com a esperança de incitar reflexões. Se existe uma conclusão a ser extraída desta jornada, é que a filosofia e, mais especificamente, a ética, são mais relevantes do que nunca na sociedade atual, em rápida evolução. Os desafios explorados ao longo dessas páginas requerem não apenas compreensão técnica, mas um profundo senso de responsabilidade ética e moral.

Com o encerramento deste volume, faz-se um apelo: que se perpetue o questionamento, a aprendizagem e o diálogo. O avanço tecnológico não deve distanciar a sociedade de sua humanidade, mas, ao contrário, deve sempre relembrar a responsabilidade do uso ético e justo dessas ferramentas. Que a filosofia e a ética sejam as constantes companheiras nessa jornada, orientando por territórios desconhecidos que a tecnologia continuará a desvendar.

REFERÊNCIAS

ALISEDA, Atocha. *Seeking Explanations*. Abduction in Logic, Philosophy of science and artificial intelli-gence. Universiteit van Amsterdam, 1997.

ARAÚJO, Fernando. Lógica jurídica e informática jurídica. Da axiomatização deôntica às estruturas não monotônicas do raciocínio rebatível. *Revista do Instituto do Direito Brasileiro*. ano 3, n. 2. 2014.

ASIMOV, Isaac. *Eu Robô*. Trad. Jorge Luiz Calife. Rio de Janeiro: Ediouro, 2004.

AUSTIN, John L. *How to Do Things with Words*. The William James Lectures delivered at Harvard University in 1955. Oxford UP, 1962.

AVILA, Humberto. *Teoria da indeterminação no Direito. Entre a indeterminação aparente e a determinação latente*. São Paulo/Salvador: Malheiros, Juspodivm, 2022

AXELROD, Robert. *A evolução da cooperação*. Trad. Jusella Santos. São Paulo: Leopardo, 2010.

BARTNECK, Christoph; LÜTGE, Christoph; WAGNER, Alan; WELSH, Sean. *An Introduction to Ethics in Robotics and AI*. Switzerland: Springer, 2021.

BERGEN, Benjamin. *Louder than words*. The new science of how the mind makes meaning. New York: Perseus, 2012.

BIX, Brian. *Law, Language and Legal Determinacy*. Oxford: Clarendon Press, 2003.

BOBBIO, Norberto. *Teoria do Ordenamento Jurídico*. 10. ed. Trad. Maria Celeste Cordeiro dos Santos, Brasília: Editora UNB, 1999.

BODEN, Margaret. *AI*: Its nature and future. London: Oxford University Press. 2016.

BROZEK, Bartosz. The Architecture of the Legal Mind. In. BROZEK, Bartosz; HAGE, Jaap; VINCENT, Nicole A (Ed.). *Law and mind*: A survey of Law and the Cognitive Sciences. Cambridge University Press, Cambridge, 2021.

BROZEK, Bartosz; HAGE, Jaap; VINCENT, Nicole A (Ed.). *Law and mind*: A survey of Law and the Cognitive Sciences. Cambridge University Press, Cambridge, 2021.

CALO, Ryan; FROOMKIN, A. Michael; KERR, Ian (Ed.). *Robot law*. Massachusetts: Edward Elgar, 2016.

CARRIÓ, Genaro. *Notas sobre Derecho y Lenguage*. 6.ed. Buenos Aires: Abeledo Perrot, 2011.

CARTER, Matt. *Minds and computers*. An Introduction to the philosophy of artificial intelligence. Edinburgh: Edinburgh University Press, 2007.

CHRISTIAN, Brian. *The alignment problem*. Machine Learning and human values. New York: W. W Norton and Company, 2020.

CITRON, Danielle Keats. *Technological due process*. Washington University Law Review, v. 85.

DAMÁSIO, António R. *O erro de descartes*. Emoção, razão e cérebro humano. 2. ed. São Paulo: Companhia das Letras, 2010.

DAWKINS, Richard. *O relojoeiro cego*. A teoria da evolução contra o desígnio divino. Trad. Laura Teixeira Motta. São Paulo: Companhia das Letras, 2001.

DEEMTER, Kees Van. *Not exactly*. In Praise of vagueness. Oxford: Oxford University Press, 2010

DIAKOPOULOS, Nicholas. Transparency. Accountability, Transparency, and Algorithms. In. DUBBER, Markus D. PASQUELE, Frank; DAS, Sunit (Ed.). *The Oxford Handbook of ETHICS OF AI*. New York: Oxford University Press, 2020.

DOMINGOS, Pedro. *O algoritmo mestre*: Como a busca pelo algoritmo de *machine learning* definitivo recriará nosso mundo. São Paulo: Novatec, 2017.

DUBBER, Markus D. PASQUELE, Frank; DAS, Sunit (Ed.). *The Oxford Handbook of ETHICS OF AI*. New York: Oxford University Press, 2020.

EDMONDS, David. *Would You Kill the Fat Man?* The Trolley Problem and What Your Answer Tells Us about Right and Wrong. New Jersey: Princeton University Press, 2014.

ENDICOTT, Timothy A. O. *Vagueness in law*. Oxford. Oxford Univesity Press. 2000.

ENGISCH, Karl. *Introdução ao pensamento jurídico*. Trad. J. Baptista Machado. 8. ed. Lisboa: Fundação Calouste Gulbenkian, 2001.

FENOLL, Jordi Nieva. *Inteligencia Artificial e Proceso Judicial*. Madrid: Marcial Pons. 2018.

FREITAS, Juarez; FREITAS, Thomas Bellini. *Direito e inteligência artificial*: em defesa do humano. Belo Horizonte: Forum, 2020.

FRY, Hannah. *Olá futuro*: como ser humano na era dos algoritmos. Trad. Rita Carvalho e Guerra. Lisboa: Planeta, 2019.

GADAMER, Hans-Georg. *Elogio da Teoria*. Trad. Artur Mourão. Lisboa: Edições 70, 2001.

GELLERS, Joshua C. *Rights for robots*. Artificial Intelligence, animal and environmental law. New York: Routledge, 2021.

GREENE, Joshua. *Moral tribes*. New York: Penguin Press, 2013.

HARRIS, Sam. *A paisagem moral*. Como a ciência pode determinar os valores humanos. Trad. Cláudio Angelo. São Paulo: Companhia das Letras, 2013.

HICKOK, Gregory. *The myth of mirror neurons*. The Real Neuroscience of Communication and Cognition. New York: WW. Norton & Company, 2014.

HOFSTADTER, Douglas; SANDER, Emmanuel. *Surfaces and essences*. Analogy as the fuel and fire of thinking. New York: Basic Books, 2013.

HOUAISS, Antonio; VILLAR, Mauro de Salles; FRANCO, Francisco Manoel de Melo. *Dicionário Houaiss da língua portuguesa*. Rio de Janeiro: Objetiva, 2001.

HUME, David. *Treatise of human nature*. London: Oxford, 1978.

JANKÉLÉVITCH, Vladimir. *O paradoxo da moral*. Trad. Eduardo Brandão. São Paulo: Martins Fontes, 2008.

JOYCE, Richard. *The evolution of morality*. Cambridge, Massachusetts: MIT Press, 2006.

KAHNEMAN, Daniel; SIBONY, Olivier; SUNSTEIN, Cass R. *Ruído*. Trad. Cassio de Arantes Leite. Rio de Janeiro: Objetiva, 2021.

REFERÊNCIAS

KAPLAN, Jerry. *Artificial Intelligence*: what everyone need to know. New York: Oxford University Press, 2016.

KELLY, Daniel. *Yuck! The Nature and Moral Significance of Disgust*. Cambridge: MIT Press, 2011.

LAGE, Fernanda de Carvalho. *Manual de Inteligência Artificial no Direito Brasileiro*. 2.ed. Salvador: Juspodivm, 2022.

LASRON, Erik J. *The mith of artificial intelligence*: Why computers can't think the way we do. Cambridge, Massachusetts • London, England: The Belknap Press of Harvard University Press, 2021.

LIETZ, Bruna. *O uso da inteligência artificial e a fiscalização dos contribuintes na perspectiva dos direitos e deveres da relação tributária*. Rio de Janeiro: Lumen Juris, 2021.

LOPES FILHO, Juraci Mourão. *Os precedentes judiciais no constitucionalismo brasileiro contemporâneo*. Salvador: Juspodivm, 2014.

MACHADO SEGUNDO, Hugo de Brito. *O direito e sua ciência*: uma introdução à epistemologia jurídica. 2.ed. São Paulo: Foco, 2021.

MCEACHERN, Andrew. *Game Theory*: a classical introduction – mathematical games and the tournament. Queens University: Morgan & Claypool Publishers, 2017.

MILLER, David (Org.). *Popper*: textos escolhidos. Trad. Vera Ribeiro. Rio de Janeiro: Contraponto, 2010.

MIRANDA, Pontes de. *O problema fundamental do conhecimento*. Porto Alegre: O Globo, 1937.

MITCHELL, Melanie. *Artificial Intelligence*: A Guide for Thinking Humans. Farrar, Straus and Giroux, 2019.

NEVES, Maria do Céu Patrão.; CARVALHO, Maria da Graça. (Coord.). *Ética aplicada*: novas tecnologias. Lisboa. Edições 70. 2018.

O'NEIL, Cathy. *Weapons of math destruction*. How big data increases inequality and threatens democracy. New York: Crown, 2016.

OBERSON, Xavier. *Taxing Robots*. Helping the Economy to Adapt to use of artificial intelligence. Massachusetts: Elgar. 2019.

PASETTI, Marcelo. *Inteligência artificial aplicada ao Direito Tributário*. Rio de Janeiro: Lumens Juris, 2019.

PASQUALE, Franck. *The blackbox society*. The secret algorithms that control money and information. Cambridge: Harvard University Press. 2015.

PERELMAN, Chaïm. *Lógica Jurídica*. Trad. Vergínia K. Pupi. São Paulo: Martins Fontes, 2000.

PLATÃO. *Obras completas*. 2. ed. Madrid: Aguilar, 1993.

POPPER, Karl. *A lógica das ciências sociais*. 3. ed. Trad. Estevão de Rezende Martins. Rio de Janeiro: Tempo Brasileiro, 2004.

POPPER, Karl. *Em busca de um mundo melhor*. Trad. Milton Camargo Mota. São Paulo: Martins Fontes, 2006.

POPPER, Karl. O problema da indução. In: MILLER, David (Org.). *Popper*: textos escolhidos. Trad. Vera Ribeiro. Rio de Janeiro: Contraponto, 2010.

POPPER, Karl. Realismo. In: MILLER, David (Org.). *Popper*: textos escolhidos. Trad. Vera Ribeiro. Rio de Janeiro: Contraponto, 2010.

RICH, Elaine. *Artificial Intelligence*. McGraw-Hill, 1983.

ROVERSI, Corrado. Cognitive Science and the Nature of Law. In: BROZEK, Bartosz; HAGE, Jaap; VINCENT, Nicole A (Ed.). *Law and mind*: A survey of Law and the Cognitive Sciences. Cambridge University Press, Cambridge, 2021.

SAFINA, Carl. *Para lá das palavras*. O que pensam e sentem os animais. Trad. Vasco Gato. Lisboa: Relógio D´agua, 2016.

SARAMAGO, José. *Todos os nomes*. Editora DeAgostini, São Paulo: 2003.

SCHAUER, Frederick. *The force of law*. Cambridge, Massachusetts: Harvard University Press, 2015.

SEARLE, John. *Libertad y Neurobiología*. trad. de Miguel Candel, Barcelona, Paidós, 2005.

SEARLE, John. (1980). Minds, brains, and programs. *Behavioral and Brain Sciences*, 3(3), 417-424. doi:10.1017/S0140525X00005756.

SEARLE, John R. *The construction of social reality*. Nova Iorque: Simon & Schuster, 1995.

SILVEIRA, Paulo Antônio Caliendo Velloso da. *Ética e inteligência artificial*. Da possibilidade filosófica de agentes morais artificiais. Porto Alegre: Editora Fi. 2021.

SMITH, Adam. *The theory of moral sentiments*. London: A Millar, 1790.

SOLAIMAN, S. M. Legal personality of robots, corporations, idols and chimpanzees: a quest for legitimacy. *Artif Intell Law (2017)* 25:155–179, Springer, 14 November 2016, DOI 10.1007/s10506-016-9192-3.

SUNSTEIN, Cass R., Algorithms, Correcting Biases (December 12, 2018). *Forthcoming, Social Research*, Available at SSRN: https://ssrn.com/abstract=3300171

TARUFFO, Michele. *La prueba de los hechos*. 2. ed. Trad. Jordi Ferrer Beltrán. Madrid: Trotta, 2009.

TEGMARK, Max. *Life 3.0*. Ser-se humano na era da inteligência artificial. Trad. João Van Zeller. Alfragide: Dom Quixote, 2019.

TROPER, Michel. *A filosofia do direito*. Trad. Ana Deiró. São Paulo: Martins Fontes, 2008.

VASCONCELOS, Arnaldo. *Direito e Força* – Uma visão pluridimensional da coação jurídica. São Paulo: Dialética, 2001.

WAAL, Frans de. *Good Natured*: The Origins of Right and Wrong in Humans and Other Animals. Cambridge: Harvard University Press, 1996.

WAAL, Frans de; CHURCHLAN, P.; PIEVANI, T.; PARMIGIANI, S. (Ed.). *Evolved morality*. The biology and philosophy of human conscience. Boston: Brill, 2014.

WITTGENSTEIN, Ludwig. *Investigações filosóficas*. Trad. José Carlos Bruni. São Paulo. Nova Cultural, 2000.

WOLKART, Erik Navarro. *Inteligência artificial e sistemas de justiça*. São Paulo: Ed. RT, 2022.

ZIPPELIUS, Reinhold. *Introdução ao Estudo do Direito*. Trad. Gercélia Batista de Oliveira Mendes, Del Rey, Belo Horizonte, 2006.

ÍNDICE REMISSIVO

A

abdução, 52, 53, 54
Administração Tributária, 32
agentes da alfândega, 26
ambulância, 35
ARAÚJO, Fernando, 48
armas autônomas, 98
ASIMOV, Isaac, 60, 61
AUSTIN, John L, 70
ÁVILA, Humberto, 54
AXELROD, Robert, 5

B

bactéria, 43
bagagem, 26, 27
BARTNECK, Christoph, 37, 84
BERGEN, Benjamin, 63
BERGSTROM, Carl T., 18
Big Data, 12, 13, 18, 50
BIX, Brian, 70
boa fé, 33
BOBBIO, Norberto, 80
BODEN, Margaret, 8, 9, 14, 16, 84
BROZEK, B, 75
BROZEK, Bartosz, 5, 66

C

CALO, Ryan, 28
caneta tinteiro, 39
capacidade contributiva, 89, 90
CARRIÓ, Genaro, 70
CARTER, Matt, 91
CARVALHO, Maria da Graça, 11, 23
casos fáceis, 34, 37
cegueira, 29, 63

ceticismo, 47
charutos, 89
Chat-GPT, 36, 37, 41, 44
CHRISTIAN, Brian, 57, 58, 77
CITRON, Danielle Keats, 31
Código Civil de 1916, 87
Código Tributário Nacional, 33
COFINS, 88
cognoscibilidade, 28
conceito fechado, 73
contribuinte, 32, 33
COVID19, 38
curiosidade, 58

D

DAMÁSIO, António R, 66
DAS, Sunit, 27
DAWKINS, Richard, 62
Dedução, 49
DEEMTER, Kees Van, 74
Deep Blue, 9
delivery, 76
Devido processo legal, 24
DIAKOPOULOS, Nicholas, 27
dicionários, 21
Direito Tributário, 32, 33
direitos de personalidade, 94, 95
disco ótico, 95
distinguishing, 38, 40, 82
DNA, 10, 43, 45
DOMINGOS, Pedro, 28
drones inteligentes, 98
DUBBER, Markus, 27
dubiedade "ciência x objeto", 8
dubiedade *processo-resultado*, 44

E

EDMONDS, David, 15
ENDICOTT, Timothy A, 70, 74
ENGISCH, Karl., 78
epistemologia, 44, 46, 51, 86, 93, 102
Estado Social, 87, 88

F

falácia, 49, 52
Fazenda Pública, 32
felicidade, 94
FENOLL, Jordi Nieva, 17
FRANCO, Francisco Manoel de Melo, 8
FREITAS, Juarez, 8, 23, 27, 28
FREITAS, Thomas Bellini, 8, 23, 27, 28
FROOMKIN, A, 28
FRY, Hannah, 10, 24, 28, 29, 31
futebol, 68

G

GADAMER, Hans-Georg, 57
game the system, 27
garbage in, garbage out, 18
GELLERS, Joshua C, 97
Go!, 97
GREENE, Joshua, 65

H

HAGE, Jaap, 5, 66, 75
HARRIS, Sam, 64
HICKOK, Gregory, 63
HOFSTADTER, Douglas, 72
HOUAISS, Antonio, 8
HUME, David, 56

I

IBM, 9
ICMS, 88
incompletude axiológica, 80
indução, 49, 51, 52, 53, 54, 55, 61, 82

inferência, 50, 51, 52, 53
input, 10, 11, 13, 18
instinto, 43, 46
inteligência sobrehumana, 98
inteligibilidade, 28
inverno da IA, 12, 50
irretroatividade das leis, 28

J

JANKÉLÉVITCH, Vladimir, 57
JOYCE, Richard, 5, 60

K

KAHNEMAN, Daniel, 23
KAPLAN, Jerry, 8
Kasparov, 9
KELLY, Daniel, 56
KERR, Ian, 28

L

lacuna, 67, 80, 81
lacunas, 78, 79, 80
LASRON, Erik J., 13, 14, 39, 52, 75, 76
LAGE, Fernanda de Carvalho, 28, 50, 80, 81
legalidade, 24, 28
Lei Geral de Proteção de Dados – LGPD, 30, 40
LIETZ, Bruna, 29
livro, 7, 11, 13, 23, 47, 60, 69, 82, 90, 99
LOPES FILHO, Juraci Mourão, 79
LÜTGE, Christoph, 37, 84

M

MACHADO SEGUNDO, Hugo de Brito, 46
machine learning, 27, 29, 39
mão-de-obra, 89
máquina de escrever, 39
MCEACHERN, Andrew, 64
mercado de luxo, 89
metaconhecimento, 42

ÍNDICE REMISSIVO

MILLER, David, 48, 51, 75, 102

MIRANDA, Pontes de, 43, 46

MITCHELL, Melanie, 36

mito da neutralidade, 18

MPB, 38

mundo 3, 46, 48

música, 38, 95

N

NEVES, Maria do Céu Patrão, 11, 23

O

O'NEIL, Cathy, 21

OBERSON, Xavier, 88

output, 10, 18

overrulling, 39, 82

P

PASETTI, Marcelo, 32

PASQUALE, Franck, 28

PASQUELE, Frank, 27

PERELMAN, Chaïm, 71

personalidade jurídica, 39, 83, 86, 93, 94, 95, 96

PIS, 88

PLATÃO, 42, 71

Poder Público, 14, 17, 28, 30, 31, 34, 59

POPPER, Karl, 45, 46, 48, 51, 75

Previdência Social, 87

problema da indução, 48, 51

psicologia, 44

publicidade dos atos administrativos, 28

R

realidades institucionais, 5, 45

Receita Federal, 26, 27

reinforcement learning, 62

RICH, Elaine, 10

rock, 38

ROVERSI, Corrado, 5

S

SAFINA, Carl, 5

SANDER, Emmanuel, 72

SARAMAGO, José, 48

SCHAUER, Frederick, 54, 73

SEARLE, John, 46, 91

self awareness, 9

Self awareness, 15

sentimentos morais, 5, 46, 58, 59, 60, 64, 65, 94, 99

SIBONY, Olivier, 23

SILVEIRA, Paulo Antônio Caliendo Velloso da, 57, 95

sociedades comerciais, 96

Sócrates, 42, 49, 50, 71

sofrimento, 93, 94

SOLAIMAN, S. M, 16

SUNSTEIN, Cass R, 23

superinteligência, 98

T

taça, 36

TARUFFO, Michele, 25

Teeteto, 42

TEGMARK, Max, 9

Teoria do Conhecimento, 13, 42

Teoria dos Jogos, 60, 64

textura aberta, 70

transparência algorítmica, 28

trolley dilema, 15, 83, 84

TROPER, Michel, 68

tumor maligno, 77

V

VASCONCELOS, Arnaldo, 93

veganismo, 60

vegetarianismo, 60

veículo de condução semi-autônoma, 43

videogame, 59

Vieses, 18

VILLAR, Mauro de Salles, 8

VINCENT, Nicole, 75
VINCENT, Nicole A, 5, 66
voo internacional, 26

WAAL, Frans de, 60
WAGNER, Alan, 37, 47, 84
WELSH, Sean, 37, 47, 84
WEST, Jevin, 18

WITTGENSTEIN, Ludwig, 72
WOLKART, Erik Navarro, 34

xadrez, 9, 10, 35, 38, 97

ZIPPELIUS, Reinhold, 17

ANOTAÇÕES